코로나 19와 함께한 아침 묵상집 2

어디에나 진리는 있다

이용곤 목사 지음

이용곤 목사 약력

1960년 전남 강진 출생
서울공덕초등학교
서울동도중학교
고검·대검 검정고시
안양대 신학과
안양대 신학대학원
(미) 그레이스 신학대학원
금천생명수교회 담임목사

코로나 19와 함께한 아침 묵상집 2

어디에나 진리는 있다

이용곤 목사 지음

진달래 출판사

어디에나 진리는 있다

인　쇄 : 2022년 3월 7일 초판 1쇄
발　행 : 2022년 3월 14일 초판 1쇄
지은이 : 이용곤
펴낸이 : 오태영
표지디자인 : 노혜지
출판사 : 진달래
신고 번호 : 제25100-2020-000085호
신고 일자 : 2020.10.29
주　소 : 서울시 구로구 부일로 985, 101호
전　화 : 02-2688-1561
팩　스 : 0504-200-1561
이메일 : 5morning@naver.com
인쇄소 : TECH D & P(마포구)

값 : 12,000원
ISBN : 979-11-91643-40-4(03230)
ⓒ 이용곤

목 차

들어가는 말

우리가 살아가는 여정속에
수많은 문제들과
마주치게 된다

웬만한 문제는 지나가고
해결해 나가기도 하지만

나에게 다가온 문제가
너무나 커서
도저히 감당하기 어려운 상황에
처하기도 한다

그러한 때에 무엇보다도
참 진리를 만나느냐
못 만나느냐에 따라
전혀 다른 삶을 살아가는 것을 볼 수 있다

지금 살아가는 이 순간에
진리를 찾았는가
진리를 만났는가
진리와 함께 살아가는가

우리 평범한 일상의 삶 속에서
만나주시는 진리의 그분을 만나
진정 행복한 사람으로
살았으면 좋겠다.

이 책이 나올 수 있도록 애써준 생명수 교회
성도님들과 금천구 마을 사람들에게 감사를 드리며
부족한 졸필을 엮고 가꾸고 꾸미어준
진달래 출판사의 작가 오태영 대표님께도
감사한 마음을 전합니다.

모든 영광을 하나님께 돌립니다.

2022. 3. 2 새봄에

훈진 이용곤 목사 드림

자작곡 주의 크신 사랑

Part 1

코로나 19 아침 묵상

봄과 희망

목양의 시

주님께서
우리의 고통 속에 함께 계시듯
성도들의 아픔 속에 목회자가 함께 있게 하시고
목회자의 아픔 속에 성도들이 함께 있게 하시어

주의 크고 놀라우신 그 계획을
주의 몸 된 전(殿)을 통하여

한마음 한뜻으로 섬기며,
사랑하며,
나누어
주님의 몸 이루게 하소서.

행복한 목사

일본어를 잘하시는 분에게
항상 기뻐하라, 쉬지 말고 기도하라,
범사에 감사하라는 말을
일본어로 예전에 써 둔 것을 보냈다

얼마후 그분에게서 문자가 왔다.
보꾸시상 에라이데스라고.
에라이를 찾아보니 훌륭한이란 뜻이었다

보꾸시는 일본어로 목사님인데
내가 이 단어를 외울 때
목회자는 많은 사람들에게 볶이는 사람이다라고
외웠는데 이것이 평생간다

목회를 하다보면 이 사람 저 사람에게 볶인다

그 볶임을 당연한 것으로 여겨
기쁨과 감사로 주의 길을 가는 사람이 목회자다.

목사들 세계에서도 볶이고 살아갈 때가 많다.

이래저래 볶이지만
그래서 행복한 사람이 목회자다.

주일 집에서 각자 식사하고 돌아와서 피운
이야기 꽃에서 이런 이야기를 주고 받는데
보꾸시도 에라이도 우습다고 하며
한바탕 깔깔대며 다들 웃었다.

한국말 어감으로는
에라 이 놈아할 때 에라이라는 말이 떠오르는데
이것 또한 일본말로는 훌륭한이란 좋은 말이었다.
물론 데스라는 말은 입니다라는 상태동사 영어로
비동사에 해당하니
보꾸시상 애라이데스는
목사님 훌륭하십니다란 뜻이 된다

볶이고 볶이면서
에라 이놈아 소리를 들을 수도 있는 자리에서
목사님 훌륭하십니다 소리를 들을 수 있는
자리를 향하여 늘 겸손한 자세로 나아가는
목회자의 삶으로의 방향이었으면 한다

ぼくしさん、えらい、です!

언제나 한결같으신 살아계신 하나님

정치의 계절이 다가온다.
표를 얻으려 온갖 비방과 헐뜯음들이 있다.

진영논리에 의존된 사상함몰로 인하여
상대방은 무조건 나쁜 프레임으로 보여
절대로 타협이나 대화를 하려하지 않는다.

정치가 아니라 좌·우의 극한 대립만이 난무한
전쟁터에 내몰린 선량한 국민이
한쪽 편을 들었다간
몰매 맞은 거 같은 일들이 벌어지곤 한다.

선거전에 그렇게 겸손하게 절하던 사람들이
당선되면 만나기도 힘든 사람들이 한 둘이 아니다.

고수들은 하수들과 함께하기를 싫어한다.
잠깐은 응해주는 거 같지만
수준에 안 맞다는 논리를 펴서 피하곤 한다.

이래저래 상황이 바뀌면
피하고 만나기도 힘든 사람들이 되어 버린다.
코로나 19로 격리되어 만나기도 힘든 사람들도 주
변에 많아졌다.

그러나 살아계신 하나님께서는
우리의 상황이 어떻고 또 어떻게 변할지라도
여전히 만나주시고 들어주시고 응해주신다.

외국인과 대화에서
대충 자기 말은 배운 대로 몇 마디 한다.
하지만 빠르게 지나가는 원어민의 소리는
못 알아듣는 경우가 허다하다.

정치인의 허다한 소리를 다 못 알아듣는다.
왜냐하면, 표만을 위해
확 지나가는 소릴 많이 하기 때문이다.

지키지도 못할 빌 공약들을 남발하여
사람들을 좌로 우로 몰아가고 있다.

외국인의 빠른 소리
정치인의 진정한 내면의 소리
위치가 달라진 사람들의 소리

만나기도 힘든 사람이 되어버린 사람들의 소리
수준차가 너무 나서
같이 놀아주지 않는 사람들의 소리
이러한 소리들의 내면의 소리에
귀를 기울여야 할 것이다.

사람들은 변하고, 강산도 변하고.
친구도, 가족도, 친척도, 부부도, 자녀도, 성도도,
목회자도, 제자도, 동역자도 다 변할 수 있지만,
여전히 한결같으신 살아계신 하나님께서는
언제나 우리와 함께해 주신다.

그 살아계신 하나님께 우리가 몇 마디만 하고
빠르게 지나가는 하나님의 소리를 들을 수 없다면
이것이야말로 가장 큰 어려움이 될 것이다.

말씀 묵상을 통해서
그분의 빠른 소리가 천천히 들려오고
세미한 음성으로 내게 속삭이듯 다가올 때까지
말씀을 붙잡고 기도하면서
성령의 도우심을 구하면서 말씀을 깊이 묵상할 때
비로소 그분의 음성을 알아듣고 딴소리 안 하게 될
것이다.

사람들은 변하고 피한다 할지라도
한결같은 말씀으로
우리를 만나주시고 응해주시는 살아계신 하나님께
늘 감사드리며 살아가면 좋겠다.

원리의 흐름에 순응하며 살자

머리를 감으려 샴푸가 담긴 용기를 집어 들었다.
아무리 누르고 뽑고 돌려
보아도 나오지 않는다.
뚜껑을 열어 긴 막대 부분에
묻은 액체를 묻혀 머리를 겨우 감았다.

누르는 부분에 있는 것을
뽑아내면 쉽게 쓸 수 있는 것을
이리저리 헤맨 것이다.

라면이나 과자 하나에도 뜯는 곳이 따로 있어서
손으로도 쉽게 열 수 있지만
다른 곳으로 열려고 하면
잘 안 되는 것을 알 수 있다.
간단한 원리들이 작동하고 있다.

우주와 자연계, 우리 몸과 영혼, 언어와 학문,
기술 과학이 일정한 흐름의 원리로 움직이고 있다.

어떤 것은 지극히 자연스럽고
간단한 원리로 움직이는 데

인간이 깨달아 알기까지
많은 시간과 세월이 지난 뒤일 때도 있다.

그 원리의 흐름에 순응하지 않고
억지로 이해하고 풀려고 하다가
많은 시행착오를 일으키고
많은 재난도 당하기도 하는 것이다.

특히 우리 몸과 영혼의
모든 것을 담고 있는 성경의 원리를 잘못 해석하여
수많은 이단이 활개를 치고 있다.
많은 사람을 성경에서 말하는 것이 아닌
전혀 다른 말들로 현혹하고 홀리어
자기들만의 세계를 구축하고 있다.

우리 몸과 영혼이 성경의 참진리 안에서
건강하고 복되고 영원한 생명을 영위하게 하는
길을 가게 하는 흐름의 작동을
분명히 깨달아야 할 것이다.

성령의 깨우쳐 주시는 믿음으로 열 수 있는 자물쇠를
다른 것으로 아무리 열려고 해도
도무지 열 수 없다.

비진리, 수많은 사상, 수많은 종교가
다다를 수 없는
성경만이 제시하는 진리의 세계의 흐름을
볼 수 있고 믿어진다면
이 보다 더 큰 복이 어디 있으랴!

오늘 그 진리의 흐름 앞에
낙원과 음부가 우리 앞에 놓여 있으며

휴거와 환난통과가
우리 앞에 놓여 있으며

생명의 부활과 심판의 부활이
우리 앞에 놓여 있으며

영생의 심판과 영벌의 심판이
우리 앞에 놓여 있으며

새 예루살렘 성의 거룩한 백성으로
영원히 사는 영생과
불 못에 던져 죽지도 않으며
영원히 고통받는 영벌이 우리 앞에 놓여 있다.

이 모든 키를
주 예수 그리스도께서 가지고 계신다.

이 땅에 그 어떤 인간이 가질 수 없는
원리의 흐름에 순응하여
오직 그분 안에서 오직 그분이 주시는 힘으로
오직 믿음으로
오직 믿음으로 나타난 행위로

그 날에
주님 앞에 서게 될 것이라는
진리의 흐름에

오늘 순응하며 살게 하소서…….

떠날 사람과 함께함이 아니라

곧 떠날 사람들과 무슨 일을
하려는가?

다들 뭔가 부족한 사람들과
무엇을 하려는가?

지금 함께하는 사람들을 보면
돌아가실 분, 이사하실 분
여러 가지 사정으로 함께 하지 못할 분들도 있다.

좌절과 낙심의 친구가 다가와
더욱 힘 빠지는 소릴 냅다 지르고 지나간다.

그러나
가족도 이웃도 성도도 목회자도 사랑하는 사람들도
언젠가 다 헤어질 사람이다.
나 자신도 떠날 사람 아닌가!

그러나, 그러나
지금 옆에 있는 분들은 영원히
함께할 분들이다.

그분 안에서의
만남이기 때문이다.
그분의 피로 맺어진
형제. 자매가 아니던가?

그분 안에서 함께 동역하다가
그분의 나라에서 영원히 함께할
사람들이 아니던가!

지금 곁에서 함께하는
소중한 분들과
그분 안에서
그분이 주시는 힘으로
그분이 그렇게 갈망하시는
사역을 감당하며 만나는
기쁨을 누리며 나아가라고
그분의 영이 귓가에 속삭인다.

영원히
함께 할 사람들과
함께 하는 것이라고…….

인생을 허비하게 하는 것들

싸움에 휘말리는 것
보이는 대로 말하는 것

상대방의 의중보다는
내가 생각한 대로 행동하는 것
연속되어 흡입력으로 끌어들이는 것에
맘 빼앗기는 것

유흥이나 유희 가무에 빠지는 것
사주나 점이나 요행에 빠지는 것

극좌나 극우에 빠져
조건 없는 사상에 빠지는 것

건강에 좋다는 약. 의술. 운동 취미 생활 등에
너무 집착하고 맹신하여 사는 것

이렇게 하면 큰돈을 번다는 데에
귀가 솔깃하여 따라다니는 것

이런저런 일을 하면
더 높은 자리에 앉혀 주겠다는 말에 현혹되어
바삐 움직이는 것

좋은 땅 좋은 집. 아파트. 좋은 차
좋은 것들을 향하여 끊임없이 추구하며 사는 것

더 다양한 지식을 갖고자
욕망으로 지식만을 위한 덧없는 시간을 보내는 것

스포츠 오락 등 즐기는 곳에 푹 빠져
헤어 나오지 못하는 것

이 사람 저 사람 만나 수다 떨고 뒷말하고
없는 일 지어내며 사는 것

모으기를 좋아하여 끊임없이
뭔가 모으다가 시간 다 가는 것

이단에 발 들여나 진리에서 벗어나는 것

쓸데없는 공상이나 발생하지 않을 일에 근심하며
애태우는 것
헛된 부유나 명예를 좇는 것

자기 생애에 뭔가 이루려고
업적을 쌓으려 포장하는 것

인간관계가 틀어져
쓸데없는 고민에 빠져 허덕이는 것

많은 것 좋은 것 물려주려고
이것저것 챙기다 시간 다 보내는 것

여러 가지 바벨탑 중의 하나에
꽂혀 열심히 쌓아 나가는 것

다른 것은 아까워할 줄 알면서
인생의 시간이 무가치한 곳으로
흘러가는 대로 내버려 두는 것

지금 누수되는 인생은 어디인가를 살피고
당장 고쳐서

그분 안에서
그분이 주시는 힘으로
가장 가치 있는 그분과의 동행으로 말미암아 맺어
지는 열매를 맺는 곳에
우리의 시간이 쓰여야 하겠다.

분별 어려운 삶

물미역과 곰피가 나란히 있다.
구별하기가 쉽지 않다.

세상에는 구별하기 쉽지 않은 사물과 일들이
너무나도 많다.

진리와 비진리
정통과 이단
좌와 우
양과 염소
차별과 역차별
인정 생활과 불륜
진실한 삶과 포장된 삶
섬김의 삶과 부림의 삶
나눔의 삶과 긁어모음의 삶
행복한 삶과 간지나는 삶
진지한 삶과 지나가는 삶
영생을 향한 삶과 영벌을 향한 삶

오늘 나는
어느 길에 서 있는 걸까?

미역과 곰피를
구별함에 있어서
미역과 곰피를 잘 알고 먹고
파는 사람에겐 너무나 쉬운 일일뿐더러
미역과 곰피를 맛있게 먹는 방법까지 알아 누리고
살고 있다.

그분 안에서
그분과 더불어 먹고 마시면
구별되며 맑아지며
밝아지며
누리며 살아가게 된다.

세 자매 이야기

전도사 때 만난 세 자매가 있다.
믿음의 사람들로 참으로 멋진 사람들이다.

원천사라는 자매는 자그마한 체구에 달걀 속 껍질
같은 하얀 순살을 띈 순백의 자매이다.

합정동에 살았는데 어머니 등에 업혀 교회로 선교
회 모임으로 정성을 쏟으며 힘차게 살아가던 자매
였다.

역곡에 있는 가톨릭대 불문과를 졸업할 정도로
학구열도 대단한 자매였다.

광야 나눔선교회의 소식지 표지의 그림을
그릴 정도의 순백한 그림 솜씨가
맘속 깊은 곳의 모습을 잘 표현해 주었다.

합정동 멋진 집에서 자매를 픽업해서
교회로 데려오려고 가면 앙증맞은 밥상에
언제나 올라오는 반찬은 작은 멸치볶음이었다.

자매를 업고 걸으면서 느낀 따스한 온기가 지금도 잔잔하게 다가온다.

전동 휠체어가 나와 맘껏 움직일 수 있게 되었다고 맑은 미소를 지어주던 자매의 모습이 아련하다.

서빙고의 한 교회에서 언덕길을 오르던 자매가
무게중심이 뒤로 쏠리면서 넘어지는 바람에
우리와의 이 땅에서의 사역을 마치고
평온히 주님 품에 안겨 있다.

장례를 은혜중에 마치고
신월동 지하실 교회 목양 실에 있는데
자매의 오라버님이 찾아 왔다.
큰 금액이 든 흰 봉투를 건네며 이것은 목사님 가정을 위해서 쓰시면 좋겠다고 하였다.

몇 해 전에 어느 목사님네 가정이 너무 어려워서 힘들어할 때 우리 집사람이 대출받아 빌려드린 적이 있고,
나는 어려운 성도들에게 카드로 이래저래 건네준 것들이 있었는데,
이 모든 것을 합친 만큼의 같은 금액이었다.

우리 하나님은 정말 정확하시구나 하고
깜짝 놀랐다.
베풂의 채워주심을 다시 한번 새기는
계기가 되기에 충분했다.

이천사라는 자매는 일찍이 교편을 잡아
교회와 학교에서
주님을 아름답게 섬겨 나가는 일에 앞장서 왔다.

교회가 어려울 때 꼭 필요한 만큼의 물질을
하나님의 감동으로 보내오곤 한다.

평생 선교사역과 개척교회 농어촌교회를 섬기다가
은퇴하여 갈 곳 없는 분들을 위한 거처를 준비하고
있다.

얼마나 귀한 사역인지 모르겠다.
평생 주님 사역하다 지친 몸과 영혼을 쉼과 회복
그리고 제2 제3의 사역을 할 수 있는
그러한 거처가 준비돼 가고 있다.

최천사라는 자매는
일찍이 평신도 선교사로 준비되어
몽골과 미얀마 등에서 현지 사람들에게

가르치는 사역과 함께
주님의 사랑과 그 은혜를 나누고 있다.

이 세 자매는 멋진 친구들이다.
주님 안에서 만나 주님의 사랑의 은혜를 입어
그 사랑을 나누는
광야 나눔선교회의 원년 회원이다.

광야 나눔선교회의 사역이
다시 한번 힘을 얻어
힘차게 그 주어진 사명을 감당하며
나아가야 하겠다.
그분과 함께……

이웃 사람들

우리 집은 독산2동 정훈단지라 불리는 곳에
가까이 있다.

전세자금 대출로 개인 주택 2층에 살고 있다.

언제나 그러하듯이 주어진 상황에 순응하며
사는 것이 무엇보다 행복한 마음인 거 같다.

상계4동 꼭대기의 길가 바로 문 열면 나오는 방도
청계천 8가의 삼일아파트의 작은 공간도.
진관외동 꼭대기의 커다란 정원 딸린 주택의 지하
연탄저장소 옆의 작고 예쁜 처소도
신길동 기찻길 옆 아기자기한 장소도
화곡동 시장골목 반지하 네 모 반듯한 빌라 집도
시흥4동 산밑의 공기 좋은 아름드리 집도
모두가 행복한 공간들이었다가
오늘은 정훈단지 쪽에서 사는 것이다.

주인댁은 전에 살던 사람 그대로 전세금을 받았고
차량도 없다며 주차할 수 있도록 힘써 주신 고마운
분들이다.

아래층에 혼자 사시는 분은 눈이 점점 안 보인다고
힘들어하시더니
보린 주택에 당첨되었다고 기뻐하시더니
얼마 전에 이사를 하셨다.
그래도 가까운 곳이라
길거리에서 종종 만나 인사한다.

바로 밑에 층엔 빈집이 되어
건축자재 넣어두는 창고가 되었고
또 다른 방도 슈퍼마켓 물건이 가득 채워져 있다.

바로 붙은 옆집으로 가보자.
감나무가 풍성히 열려 우리 집 마당까지 뻗치는
3층 집이다.
3층의 주인댁과 내가 주차를 2대 하는 공간이므로
나는 그분에게 키를 맡겨두고 편하게 다닌다.
골목길도 청소 잘하시고
새벽마다 호암산에 갔다 오시는
성실하신 집사님이다.

2층에는 중국에서 오신 동포분이 사는데
얼마 전 몸이 아파 수술을 하였다고 한다.
오다가다 인사하여 친하게 잘 지내고 있다.

코로나19가 잔잔해지면 식사 한번 하기로 했다.
잔잔한 기품에 착한 사람이라 얼굴에 쓰여 있다.
1층엔 아주머니 한 분이 사시는듯하다.
눈 내리면 그분과 제가 골목길을 쓸어내리는 데
공조하시는 분이다.
늘 열심히 사시는 분 같다.

바로 옆에 또 하나의 빌라가 있는데
2층의 한 아주머니가 늘 쓰레기봉투를 버리다가
인사하게 되어 늘 오가며 인사하고 지낸다.
잘 모르지만 착한 사람 같아 보인다.

그 빌라 1층에는 전자부품 다루는 여사장님과 함께
일하는 많은 분이 오가며 일을 한다.
여사장은 긴 머리 날리며 오토바이를 타며
물건을 어디론가 실어 나르며
활기차게 일하는 분이다.
그곳에서 일하시는 분 중에 한 분이
전에 교회 잠깐 다닌 적이 있는 분이라
더욱 가까워진 것 같다.

그 옆에 건물에는 식자재 창고로
물건을 배달하는 사업을 하는 건장한 남자분이
늘 친절하게 차를 빼주고 하는 친한 사이가 되었고

바로 옆방은 콜라 사이다 대리점인 거 같다.
늘 오가며 인사하는 분인데
요즘은 아들도 와서 거드는 듯하고
그 아들과도 요새는 인사하고 지낸다.

그 건너편 건물에는
트럭으로 과일 장사하시는 부지런한 부부가
언제나 짐을 빼고 꾸리다가 마주친다.
늘 어디 가시느냐고 물어오고
나는 오늘도 많이 팔고 오시라고 한다.
3층 옥상의 조명도 손수 만들어 다는
기술도 좋은 분이다.
두 부부가 열심히 살며 인사도 잘하니 아주 좋다.

조금 나가면 슈퍼마켓이 있다.
가까운 교회에 나가시는 분으로
일일화라는 꽃을 해마다 주시는 분으로
맘씨 착한 동네 아저씨같이 편안한 사이다.

오래된 갤로퍼를 몰면서
오늘도 열심히 물건들을 나른다.

길 건너에 있는 세탁소에는
아들 이름으로 나의 옷을 맡기는 곳인데

3층 베란다에 천리향 꽃을 키워
지나는 사람들에게 향긋한 향기를 선물한다.
안주인이 늘 웃음으로 맞이해서 좋은 이웃이다.

이렇게 확장해 나아가면 정훈 단지를 지나
법원단지, 현대시장, 대명시장, 시흥 사거리, 독산동,
가산동까지 모두가 마을이고 모두가 이웃이다.

나는 행복한 이웃들이 있어서 좋다.
오늘도 그 이웃들과 함께 각자의 자리에서
열심히들 살아가고 있다.

흐름의 길

요즘 교회 앞 법원단지 길에는
한창 작업을 하고 있다.
지상의 복잡한 전선들을 지하화하는 것이다.

땅 밑으로 많은 것들이 지나간다.

전기를 공급하는 선들과
가스를 공급하는 둥근 관들과
복잡한 전화선들과 상하수도가 흐르며
경찰의 가로등과 신호등 체계가 흐르며
소화전의 물이 채워져 잔잔한 파동을 가지고 있다.

얼어 있는 두꺼운 얼음 밑으로 물은 콸콸 흘러내려
가고 있다.

눈에 보이지 않아도 흘러가고 있는 많은 것들이
우리 삶에는 있다.

바다에도 길이 있고, 하늘에도 길이 있고,
바닷속에도 길이 있고,
대기 밖 하늘에도, 우주에도 각기 길이 있다.

우리 마음의 길과 생각의 길,
신경세포의 길, 피가 흐르는 혈의 길, 근육의 길,
피부의 길과 털의 길도 있다.

수많은 흐름 속에 오늘의 나와 네가 있는 것이다.

오늘 우리는 무슨 흐름 속에
자신을 맡기고 살아가고 있는가를 물으며 살아가고
있다.

저마다의 흐름과 길은 다르지만
가고자 하는 목적의 방향을 동선으로
일정하게 흐르는 길들이 있다.

오늘 우리의 흐름의 길은
어디서 무엇을 하는 것이며
어디쯤 흐르고 있는가?

탁구 이야기

나는 탁구를 잘하지 못한다.

탁구 하면 전도사 때 만난
청년부의 한 자매가 생각난다.

산업은행 선수 출신이라 너무나도 탁구를 잘 하는
자매였는데 그 순수했던 모습이 눈에 선하다.

학창 시절에 동네 탁구장에서 친구들과 이것저것
휘둘러보던 것이 탁구였다.

탁구가 운동도 되고
이리저리 몸을 움직임과 동시에 맘껏 소리도 지를
수 있고
높은 다섯을 하며 박장대소할 수 있는
좋은 운동인 거 같아
탁구 하면 언제나 잘하고 싶었던 운동 중 하나였다.

노회의 한 교회는 1층에 탁구대를 네다섯 대 두고
탁구대회를 할 정도로 시설이 잘 갖춰져 있어,
탁구를 좋아하는 목회자들이 운동하곤 하였다.

어떤 목사님께서는 좋은 라켓을
차에 싣고 다니면서
늘 탁구를 운동 삼아 치곤 하셨는데
그 실력이 대단하였다.

또 어떤 목사님과 사모님은
두 분 다 탁구를 기초부터 제대로 배우셔서
너무나도 잘 하셨다.

나는 그 사모님과 한번 게임을 하고 싶어
교회 가까운 은행나무 사거리에 있는 탁구장에서
겁도 없이 도전장을 내밀었다.

물론 엄청나게 깨졌다.
특히 수비가 일품이었다.
내가 친 모든 공을 다 받아내고 있다가
기회가 나면 강한 드라이브를 건 스매싱으로
나의 허를 찔러 왔기에 속수무책으로 당할 수밖에
없었다.
뭐든지 제대로 배운 사람들은 도저히 이길 수 있는
법이 없다.

노회 수련회로 설악산 대명콘도에 갔을 때
지하 1층에 있는 탁구장에서
목사님들과 한바탕 웃으며 소리치며 운동하던 일이
어제의 일처럼
흑백필름 작은 사각들 위아래의 중간에
큰 사각의 틀에 화면 되어 흘러가고 있다.

금빛 공원 지하에 있는 휘트니스 센터의 탁구장에
마을 사람들이 탁구를 한다기에
기초부터 배워야겠다고 생각하고
이마트에서 3만 원짜리 탁구라켓을 사서 입회했다.

탁구복 같은 의복을 갖춰 입은 남녀가
한눈에 딱 봐도 비싼 라켓을 하나씩 들고 있었다.

내가 들고 있는 라켓을 보고는
다들 상대조차 안 해주려 피하는 모습이 역력했다
(?).

몇십만 원 하는 탁구라켓부터 갖춰야 하는 게
맞는 게 아닐까 생각게 하는 대목이다.

몇 해 전에 한 교회에서 탁구대를 가져가라 해서
한걸음에 달려가 가져다 올려놓았다.

의자를 치운 자리에 탁구대를 펼치고
탁구대회(?)도 치러 보았다.

그 탁구대가 최근에 성도님이 운영하는 공간으로
자리를 옮겨 자리를 잡았다.

시흥 공구상가에서 1500원에 베어링 바퀴를 하나
구매하여 갈아 주었더니 튼튼한 탁구대가 되었다.

탁구대 1대로 탁구동아리를 운영하게 되었다.

몸도 풀리고 소화도 잘되게 해주고
스트레스도 날려주는 탁구다.

탁구도 타 운동과 같이 무엇보다도
기본기가 중요함을 다시 한번 깨닫게 된다.

우리의 신앙도 기초가 중요하다.
기본기부터 다시 배워
주님 보시기에 합당한 자세로
새롭게 출발하는 게 무엇보다 중요하다.

타성에 젖어 그냥 있는 데로 사는 게 아니라
어디서부터 부족한지를 깨닫고
거기서부터 겸허히 받아들이며
고쳐나가는 자세가 필요할 것이다.

이 탁구로 주님 안의 성도들과
목회자들과 사모님들이 건강하게 나아가면 좋겠다.

노고산에 오른다

아내의 비번과 나의 일정이 맞아 떨어지고
봄과 가을의 산행하기 좋은 날이며
1시간정도 거리에 500m 이하의 산이라고 하는
조건을 충족시키는 날과 산이 나왔고
그 산이 바로 노고산이 되었다.

양주로 향하는 새로 난 고속도로로 들어서니
북한산의 절경이 한눈에 들어왔다.

차를 세워 놓고 앵글에 담고 싶었으나 마음뿐이다.

백운대에 올랐을 때
인수봉 밑에서 백운대와 인수봉과 만경대를
카메라에 담기도 했고
하늘공원에 올라
멀리 보이는 북한산을 담아 보기도 했으나
서쪽으로 북한산과 멀리 도봉산과 사패산까지
그리고 오른쪽으로는 구기동과 진관동에서 오르는
비봉 향로봉 능선까지
그 전체를 한눈에 볼 수는 없었다.

한 폭의 병풍 같은 장면을
노고산 정상 넓은 곳에서 볼 수 있었다.

한 등산객이 지팡이를 가리키며
사패산으로부터 향로봉까지
쭉 봉우리와 계곡까지 설명해주며
지리산과 같은 폭을 보여주는 명장면이라고
설명을 곁들였다.

그 산을 올랐을 때도
그 산 산기슭에서도 볼 수 없었는데
이 산 노고산에 오르니
그 전체를 한눈에 담을 수 있었다.
자꾸자꾸 북한산을 바라보고 탄성만 부르는
나 자신은 노고산 정상에 있는데….

노고산에 미안할 정도로 오르며 내려오며
북한산 줄기에 빠져들었던 것이 사실이다.

이것을 보게 해준 것은 노고산인데
고마운 줄도 모르고
넓게 펼쳐진 대망의 크고도 멋진 곳에만
눈이 갔다.

정작 노고산은 그저 북한산을 보여주기 위해 있는
산은 아닐진대 말이다.

가까이 있는 사람들에게
감사하며 고마워하며 소중히 여기며
살아가야겠다는 깨달음을 얻고 내려오는 길은
한결 가벼웠다.

원어 학풍 이야기

내게 히브리어를 처음 가르쳐주신 분은
학부 때의 배제민 교수님이셨다.
백발이 성성한 노교수님의 히브리어 가르침이
지금도 눈에 선하다.
하나님 말씀을 원전으로 대할 수 있다는
그것만으로도 가슴이 벅차올랐던 시간이었다.

그 후 김남준 목사님으로부터 히브리어 원강을 듣고
원어에 대한 사랑은 깊어져만 갔다.

안양대 신대원에서 히브리어를 배우고
졸업 후에도 청강으로도 히브리어를 배우는
열정에 불타오른 시기가 어제 일처럼 느껴진다.

그 뒤 원어성서원 이선호 목사님을 만나게 되었고
이때 분해대조로 된 성경을 처음 접하게 되었다.
당시의 분해는 모두 영문으로 되어
무척이나 헷갈린 것도 사실이었다.
원어성서원에서 잠깐 배우고
그 팀들과 함께 성지순례를 다니며
원전에 대한 애정은 깊어만 갔다.

그리고 침례교 최종원 목사님으로부터
히브리어를 문법책을 2번 떼고
하나하나 분해하는 훈련을
2년간 집중해서 교육을 받았다.

그 후 로고스 출판사의 실장님을 만나
한글로 분해해 놓은 분해대조 성경을 만날 수 있었고
바이블웍스를 통해 원전의 모습은 점점 누구나 읽고
해석할 수 있는 길이 열리게 되었다.

헬라어 역시
학부 때 이억부 교수님께 배우기 시작하여
로고스 출판사의 헬라어 성경을 집필하는데 관여하신
목동의 유동렬 목사님으로부터
헬라어 구문론에 대해 2년간 집중교육을 받을
좋은 기회가 오기도 했다.

분해대조 성경을 잘 정리해 두신
강남의 이정웅 목사님으로부터
헬라어 분해대조표로 문장론에 이르기까지
2년간 집중해서 배울 기회가 있었다.
그리고 아람 성경 원어 연구원을 만나 히브리어와
헬라어, 아람어 등과 고대 근동 언어를
7년여 동안 공부해 오고 있다.

아람성경원어연구원은 고 신사훈박사님(서울대 종교학과 전교수)께서 만드시고 가르쳐 오시다가
고대 근동어를 연구하신 장국원 박사님의 학풍을 이어받아 성서 원어와 그와 관련된 고대 근동어를 수십 년간 교역자와 신학생들을 대상으로 교육하고 연구하는 모임으로
현재는 김두연 목사님께서 여러 가지 어려운 상황 (건강) 가운데서도 후학들을 위해 열성으로 가르침을 주고 계시는 놀라운 곳이다.

이곳에서의 수업은 수메르어, 아카드어, 헬라어(로마서, 블라스문법), 히브리어(창세기), 아람어(에스라), 라틴어(기독교 강요), 영어(장국원 박사님책), 독일어(성경해석. 하버드 책), 프랑스어(성경해석), 시리악(페쉬타)등 신학 전반에 걸쳐있는 원어를 공부하고 있다.

이곳을 통해 많은 신학생이 독일과 네덜란드, 미국 등으로 유학을 가고
국내로 돌아와 교수로 활동하는 분이 꽤 많다.

이렇게 훌륭하신 분들을 만나게 해주신 하나님께 모든 영광을 돌리며

그 가르침들을 종합하여
8구조원리라는 저만의 원어 학습법을 갖게 되었다.

그동안에 신학교에서 어형변화를 암기하다가
시간을 다 보내고
정작 원어로 성경해석과 설교에 적용
나아가 성경공부로의 적용은
너무나도 거리가 멀게 한 것도 사실이다.

이에 쉬운 한글로 파싱(문법분해) 해 놓은 것을 보고
해석함으로써 시간을 절약하고
또 기본 파싱과 원전과 어형변화로 꾸준히 보면서
원전을 읽어 나가면
어느 정도 어형변화도 눈에 들어오게 하는 방식의
공부가 너무나 좋아 적용하고 가르쳐 보았는데
반응들이 너무 좋았다.

이제 저의 후배나 제자 중에
원어에 대한 깊은 관심 있는 분들과
분해대조 성경으로 더욱더 깊이 있는 연구로
8 구조원어가 널리 적용되어
한국교회에 원전으로 더욱 힘을 얻는 모습으로 나
아가면 좋겠다.

애절한 눈빛

목양 실에서 옥상으로 바로 나가는 문을 열어 놓고
나갔다가 들어오니
고양이 한 마리가 목양 실 저 안쪽에서
후다닥 하며 옥상으로 나가더니 가지 않고
애처로운 눈빛으로 한참을 쳐다보다가 사라졌다.

그러려니 했다. 그런데 목양 실 어디선가 작은 소
리가 나는 게 아닌가. 책상 밑을 내려다보았다.

고양이 새끼가 눈도 못 뜨고 앞발을 길게 늘어뜨리
고 있으면서 끼끼대고 있었다.

그제야 아까 고양이가 어미 고양이였고 그 눈빛의
의미를 알 수 있었다.

작은 상자 위에 신문지를 깔고 물을 주어봤지만
먹지 않았다.

그런데 어디서 똑같은 소리가 들려왔다.
구석에 쌓인 책들을 들춰내니
그 한쪽 속에 또 한 마리의 고양이 새끼가 있었다.

여기서 낳았는지. 낳아서 여기로 데려왔는지는 모르지만, 어미 잃은 새끼들의 모습 그대로였다.

낮은 상자 위에 두 마리 새끼를 넣고
옥상으로 나갔다.

주위를 맴돌고 있는 고양이 한 마리가 어슬렁거리고 있었다. 아까 그 어미 고양이가 분명해 보였다.

낮은 상자를 내려놓고 문을 닫고 들어왔다 한참 있다 나가보니 어미가 데려간 흔적이 역력했다.

지금도 새끼를 떼어 놓고 돌아서는 어미 고양이의 눈빛을 잊을 수가 없다.

그 옥상에 주룩주룩 단비가 내려 깨끗이 씻어 주고 있다.

세 번이나 자신을 부인한 베드로를 바라보시는 주님의 눈빛
자신을 찌르는 군인을 바라보시는 주님의 눈빛
십자가 위에서 자신을 조롱하며 소리치는 사람들을 넌지시 바라보시던 주님의 눈빛

겟세마네 동산에서 제자들을 바라보시던 주님의 눈빛이 떠올랐다.

오늘 우리를 오늘 나를 바라보시는 주님의 눈빛은 어떠한 눈빛일까?

노란 보도블록 앞에서

시각장애인을 위한 노란색 보도블록에
긴 막대 선은 진행하라는 표시고.
동그란 점들의 표시는 주의. 경계의 표시라 합니다.

우리도 그분의 인도하심 따라
갈 길과 멈춰 서서 주의·경계(숨 고르기)를
한번 하며 갈 길을 분별하면서
그분이 주시는 은혜만이 살길임을
늘 고백하며. 오늘과 내일을 살아야겠다.

디도서 3:8에서 바울은 믿는 자들에게 조심(주의·
경계) 하여 선한 일을 힘쓰게 하려 함이라.
이것이 아름다우며 사람들에게 유익하니라고
고백하고 있다.

그분의 지시 따라
가기도 서기도 한 광야의 백성들처럼
그렇게 오늘과 내일을 살면 좋겠다.

Part 2

코로나 19 아침 묵상

여름과 열정

딸 시집가던 날

사랑하는 딸 나눔이가 어느덧 자라 시집을 갔다.
머나먼 나라 캐나다에서 캐나다 사람을 만났다.
코로나 19로 온라인으로 영상을 통해 결혼서약을
지켜보아야만 했다.

먼 곳 먼 사람들이었지만
영상을 통해 따뜻함이 묻어났고
한 가족이 되었다는 맘도 스며들었다.

캐나다에서 한국에서 영상으로 축하해 주는 소리가
영상의 손짓과 함께 들려왔다.

한없이 행복하고 기쁜 날….
보이는 세계의 것으론 아무것도 보태주지도 못하는
맘에 가슴 찡한 시간이 흘러갔다.

그러나 모든 것을 갖고 계신 주님의 손길을 믿기에
용기 내 활짝 웃어본다.
새로 탄생한 가정을 통해
하나님의 이루고자 하심이 하나씩 자라나기를
기대하며 기도하며 맘으로 살짝 울었다.

그러나 딸이 영상 쪽으로 다가와
밝은 미소를 지어주곤
다른 많은 분과 환하게 웃으며
대화하는 모습을 바라보며
맘 한쪽에 힘든 부분 살짝 가리는
웃음으로 응수하니 영상을 마무리한다는
멘트가 다가왔다

주님께 언제 안 맡긴 적이 있었던가….
오늘도 그 맡김 속에서 힘을 얻는다

장미를 붙잡으려는 오이

오이가 자라나다 장미만큼은 피하고 싶었나 보다.
아니 장미 가시를 피하고 싶었을지도 모른다.
처음엔 장미를 피해
지지대를 붙잡고 버티며 자라났다.
더 붙잡을 거라곤 장미밖에 없었다.

오이는 뭔가를 붙잡으려고 오늘도 춤을 춘다.

맘 맞추기는 쉽지 않다.
그러나 옆에 있는 것만이 보이는 세상에서
어쩔 수 없이 부딪혀야만 할 때는 어찌하겠는가?

장미 가시라도 붙잡아야 하지 않겠는가?

내 주변엔 무엇으로 주렁주렁한가?

사택에서 교회로 가는 길에
자그마한 용달차를 운전하시는 분을 만났다.

운전석에 세 개의 모바일기기가 정면에 자리 잡고
있어서 정면 시야가 많이 가려져 있어서
운전하는 데 지장이 있지 않을까 하는
염려 섞인 마음으로 다가가 괜찮으신가를 물었다.

그분은 허허 웃으시면서, 운전하는데 전혀 이상이
없고 오히려 정면과 모바일 화면을 동시에 보기에
좋다는 것이었다.

밑에 설치하여 밑에 보다가 정면 주시가 잘 안 되
어 오히려 위험할 수 있다는 얘기였다.
맨 왼쪽은 휴대전화와 최신 도로 앱으로 사용하고,
중간 것은 화물 호출받을 때 사용되며,
맨 오른쪽 것은 지리정보 시스템을 좀 더 크게 볼
수 있는 화면으로 쓴다는 것이다.
모두가 필요하다는 얘기였다.
차창 밖에서 그리고 차창 안쪽에서
사진 좀 찍겠다는 허락을 받아
정면 유리의 반을 가리는 기기들을 찍어 보았다.

택시를 타 보아도
주렁주렁 달린 기기들을 볼 수 있다.
거기에 카드결제기까지 포함하면
운전석 옆은 비행기 조정석만큼은 아니지만
꽤 복잡한 구조를 가지고 달리게 되어 있다.

걸어가면서도 하고, 신호등 앞에서도 하고,
식탁에서도, 대화하는 가운데서도,
점점 모바일과 뗄 수 없는 시대에 사는 듯하였다.

교회 목양 실에 도착하니
분해대조 성경이 내 책상에 쭉 펼쳐져 있었다.

다양한 형태의 모바일 앱이 펼쳐져서
정확하게 업무를 수행하고 있는 그분의 모습처럼
우리도 더욱 다양한 시각에서
말씀을 연구하고 수행하여
그분의 마음을 읽어
그분의 소리를 바르게 전할 수 있는 이 시대를 살
아야 하겠다.

요즘처럼 교회와 목회자가 비난받는 시대는
없었을 것 같다.

몇 명의 비행 청소년을 보고
이 시대의 모든 청소년은 저렇겠지 하고
생각할 수도 있다.

하지만 오늘도 밤늦도록
도서관에서 열심히 공부하며, 미래를 꿈꾸며
부모에게 효도하며 살아가는
대부분의 청소년이 있고
몇몇 일이 발생한 상태의 청소년만 있을 뿐이다.

몇몇 잘못된 방향의 길을 가는 목회자와 교회들로
모두가 치부돼서는 안 될 것이다.
이 땅에 교회 대부분과 목회자는
오늘도 건강한 신앙으로 건강한 목회현장 속에서
이름도 없이 빛도 없이 섬기고 있다.

복잡해 보이는 모바일기기 사이로
모든 시야를 보면서 운전하면서
업무를 성실히 수행하는 분의 모습을 보면서,
우리도 정면을 주시하면서 넓은 세상을 바로 보며
모두가 건강한 교회, 건강한 목회를 할 수 있는
모습으로 충실한 주의 사역자들이
다 되었으면 한다.

그래도 교회가 희망이다

교회 맞은편의 호암산에 검은 구름을 바라보면서
아내의 성화에 올랐다.
아내는 히말라야 가는 듯 배낭을 멨다.
잠깐 갔다가 내려오자고 했는데
정상까지 가게 되었다.

내려오려는데 비가 쏟아지기 시작했다.
검푸른 산야를 적시고 황토물을 산길마다 뿜어내고
있었다.

히말라야 오르는 듯한 준비가 왜 중요한지
이제 알 것 같았다.

우비를 입고 내려오는데 신발과 밑에는 젖었지만
시원함으로 내려올 수 있었다.

세상은 늘 시끄럽다.
위에서 본 세상은 언제나 평온하고 성냥갑 모양이
즐비한 가지런한 세상이다.

이 세상에 한바탕 비가 요란하게 내린다.

천둥도 중간중간 들려주면서….
코로나다 비대면 예배다.
기독교비판이다.
어지러운 세상에서도 희망은 그리스도요 그의 몸
된 지체들인 교회에 있다.

번개도 천둥도 소란한 태풍과
폭우도 지나간다.
그때 신실한 사람들이 교회인 것이
고스란히 드러나면 좋겠다.
오늘도 그 희망으로 우리 모두 일어서자

그 희망을 바라보면서….

언어 이야기

세상에는 6,500여 개의 언어가 있다고 알려져 있다.
원래 언어는 하나였다가
창세기 11장의 바벨탑으로
인간들이 그 탑 꼭대기를 하늘에 닿게 하여
이름을 내고 온 지면에 흩어짐을 면하고자 하다가
하나님께서 온 땅의 언어를
혼잡(=바벨)케 하심으로
그들을 온 지면에 흩으신 것을 알 수 있다.

여기서 높이 오르려는 것과 이름을 내고자 함과
똘똘 뭉쳐 자기들의 도시를 건설하려다가
하나님의 징계로 인하여
서로 알아듣지 못하게 되어
도시건설은 그치게 되고
그들은 온 지면에 흩어지게 된 것이다.

여기서 우리가 주목할 것은
언어가 이렇게 많고 서로 다름을 보면서
우리 인간의 교만과 이름을 내려 함과 뭔가 자기들
만의 세상을 만들려는 인간의 욕망을 보며
이 시대를 사는 우리는 살아계신 하나님께
겸손히 무릎을 꿇어야 할 것이다.

그러므로 언어를 공부하려고 하면
무엇보다도 겸손한 자세로
주님의 베푸신 은혜를 기억하며
인간의 죄업 본성을 회개하고 언어에 접근하면
언어들이 서서히 풀리기 시작할 것이다.

위치나 순서 그리고 각각의 언어들이
하나였다가 혼잡게 된 언어를 이해하며 나아가면
그 첫 출발이 잘 되었다고 말할 수 있을 것이다.

고대 언어 중에
우리 말처럼 동사를 끝에 쓰는 언어도 있으며
목적이나 대상을 끝에 쓰고자 하는 언어들이
있음을 보게 된다.

많은 언어가 동사를 중간에 쓰느냐 뒤에 쓰느냐
차이로 나누어진 것을 회개하고
겸손한 자세로 언어를 대하면
조금씩 언어의 세계로 들어갈 수 있을 것이다.

저는 신학교 때부터 언어에 관심을 가지고
어렵고 복잡한 언어의 세계에서
쉽고 편한 그 분명한 원리가 있을 것으로 생각하여

창 11장에서 그 해답을 얻고
많은 언어를 연구해 오면서
어떻게 하면 쉽게 가르칠 수 있을까를
지금도 연구하고 있다.

하나님께서 부족한 종에게 주신 은혜를 따라
8 구조원리 언어를 만들 수가 있게 되었고
이 8 구조원리로 많은 언어가 풀리는 역사를
경험하고 있다.

원리로 풀리는 세상은 아름답다.
모든 것이 자기 자리에 있을 때가
바로 찬란한 순간이다.

8 구조원리 언어로 겸손하게 나아갈 수 있는
새롭고 산길을 열어주신 주님께
모든 영광을 돌립니다.

집사람 '선희씨' 자랑

우리 집사람을 나는 선희 씨라고 부른다.
왜냐하면, 평생 선희 씨라고 불러주기로 하는
손글씨 편지를 써 주고 결혼을 했기 때문이다.

나는 31살 선희 씨는 28살에
당산동에 있는 소망교회에서 결혼식을 하였다.

허름한 신학생 신분의 전도사에게
일생을 함께하겠다고 나선 것이었다.

그때부터 선희 씨는
죽어라 고생하는 길로 들어선 것이었다.
병원 간호사로 들어가 한 곳에서 30년 이상을
줄곧 일 해오고 있으니 말이다.

쉼 없이 뒷바라지하고
또 해도 끝없는 고생길이 아니던가?

신월동에서 목회할 때 크나큰 소용돌이에 휩싸이며
젊은 혈기에 갈라서려고 할 때도 있었다.

나는 사역자이고 그 길만을 고집하고
장 씨 고집도 대단하여 올곧은 것이 아니면 조금도
용납이 안 되는 숨 막히는 순간들과
여러 가지 일들이 겹쳐지면서 목회도 사임하고
2년여 동안 방황하던 때도 있었다.
그 방황의 시간에서 금천구 시흥동에 있는
한 어린이집에 기사로 일하게 되었다.

그곳에서 어린이들의 눈망울과
실핏줄 여린 얼굴들을 바라보면서
그리고 양평군 지평 월산리의 작은 시골집을
지상권만 얻게 되어 자주 오가면서
상처가 한둘씩 아물기 시작하였다.
가정에 여러 가지 힘들게 한 일들이 어제 일처럼
지나간다.

운행을 마치고 골방에 들어가 영어책을 붙잡았다.
쉬는 동안에 뭐라도 하나 해 놓을 생각으로 붙잡은
게 영어였다.
100여 권의 영어책을 보고 듣고
영어를 특별하게 가르친다는 곳도
여러 곳 직접 찾아가고 돈도 많이 썼다.

목적은 우리 애들인 나눔이 주강이에게
수학은 학원에서 배우고
영어는 내가 배워서 가르치는 게
더 좋을 거 같다는 생각이었다.

마침내 8 구조원리영어라는 체계를 완성했다.
주님께서 주시는 은혜의 지혜로
양평으로 가는 기차에서 떠오르는 영감들을
그림으로 그리고 도표를 만들고
어느 자리에 어떤 것이 오는지를 표현하는
영어의 설계도 영어의 세계지도를 그려보려고
애쓴 흔적의 결과였다.

마침내 8구조원리영어로 몇몇 학생을 가르치게 되고
그 일로 목회도 다시 시작할 힘을 얻게 되었다.
선희 씨와 나눔이 주강이도
공부방 같은 교회에 합류하여
온전한 가정으로 다시 예배드릴 수 있게 되었다.

주일 오후 예배 후 나눔이 주강이에게 8구조원리로
영어를 가르쳐 보았다.
선희 씨는 여전히 무슨 8 구조냐?
신실하게 목회해야 한다고
늘 올곧고 바른말만 하였다.

오늘도 엔비 엔비 (n b. n b) 찾으러 나가느냐고
핀잔을 줄 때도 있었다.

그러던 선희 씨가 언젠가
그럼 나도 한번 배워 보겠다고 하여
다른 학생들 틈에서 배우기도 하여
지금은 많이 도와주는 모습으로 변했다.

섬유근육통. 이석증·무릎관절 여러 가지로 아파
쉬는 날이면 근교 산을 오르곤 하면서도
교회 일이며 가정일이며 병원일을
장씨 성격대로 올곧고 바르게 해야 하니
너무나 힘들게 일들을 해 나가고 있다.

고집 피우고 주장하고 잔소리 많이 하는 거 같지만
눈물로 말없이 기도해주고
아낌없이 모든 것 다 주고 있는 선희 씨다.

큰소리치는 거 같지만
여전히 내가 하는 대로 따라오고 있으며
끝에 가서는 내가 원하는 대로 다 되어있게 일들을
가꾸어 가고 있는 선희 씨다.

문경에서 태어나

초등학교 5학년에 남원으로 이사 와서
중학까지 다니고
학교 선생님의 배려로 대전에서 고등학교 교육을
받을 수 있었다.

훗날 사우디아라비아에 간호사 일로
3년을 일하게 되는데
그 3년 중간에 있는 1년을
내가 사우디에 있던 기간이었다.
알지 못했지만, 사우디에서 같이 있었다.

그 선희 씨가 오늘도 이것저것 챙겨주어
목회를 수행하고 있다.
출근하면서도 맛있는 반찬 해 놓으려고 애쓰고
내가 다림질해도 되는데 두 줄 잡혀 사모 욕먹는다며
그 바쁜 출근 시간에 와이셔츠를 데려
걸어 놓고 나가는 선희 씨.

수요일에 새벽에 나가 바로 이어지는 일정이 있다
하니 출근길에 교회까지 다린 옷을 전달해주고
출근하는 선희 씨.

김치찌개. 감자전. 스파게티. 깻잎 순 볶음. 묵은지.
이면수. 삼겹살. 등갈비. 오이장아찌. 메실. 김치전.

고구마, 고등어찌개. 참외 등등 뭔가를 해 놓으려는
맘으로 오늘도 출근하는 선희 씨.

캐나다에서 캐나다인과 결혼하여 사는 나눔이도
캐나다에서 워킹홀리데이를 수행하는 주강이도
이런 엄마에게 너무 잘 한다.
모두가 감사할 뿐이고 모두가 주님의 은혜뿐이다.

맘고생 몸 고생하시는 사모님들이 진짜 위대하다.
목회자는 늘 미안한 마음 둘 데가 없어
조용히 기도해 본다.

내 고향 강진 이야기

나는 전남 강진군 작천면 상당의 한 대나무 숲에서 대나무 잎사귀 부딪히는 소리를 들으며 태어났다고 한다.

두 세 살 때 어머니의 등에 업히기도 걷기도 하며 해남. 광주 등을 거쳐 서울 청량리에 도착하여 살면서 서울살이는 시작되었다.

방학 때면 언제나 어머니는 나를 데리고 강진으로 데리고 갔다.
외할머니댁의 수탉이 그렇게 무서운 줄 처음 알았고 산에서 나무해서 지게 지는 일과 풀 베는 낫질과 소에 여물 주는 게 그렇게 힘든 일인 줄도 그때 깨달았다.

상당마을 골목길에서 다른 친구 또래 애들이 들고 나온 노란 호박떡은 여느네 서울 어디서도 먹어볼 수 없는 진짜 호박떡이었다.

상당 밑에 중당이라는 마을에는 큰아버지 댁이다.

넓은 마당과 대청마루 오르는 디딤돌과 뒤뜰 텃밭과 외양간 닭장 그리고 대청마루 옆의 광에서는 큰어머님이 들어가셨다 나오면 뭔가를 한가득 들고나오시는 보물창고 같은 곳이었다.

정지(부엌)에 있는 커다란 가마솥에서의 밥과 구수한 누룽지 그리고 아궁이에서 불을 피우려 매운 코를 다독거리며 산에서 갈고리고 끌어 모아온 한 짐 나무를 풀어놓은 곳에서 조금씩 걷어 내와 아궁이고 밀어 넣는 일들은 마음과 몸을 녹여주고도 남은 불꽃을 내게 선물로 주었다.

중당 마을에서 맞은 편으로 논밭 사잇길과 중간중간 놓여 있는 물길을 따라 30분 정도 가면 기동마을이 나오는데 이곳에 예쁜 미모를 가진 이모네가 살고 있었다.

용곤이가 왔다고 버선 채로 달려 나와 안아주시던 따뜻한 품이 아른거리는 기동마을이 아니던가 호롱불 밑에 책도 보고 밤새도록 이모와 이모부와 함께 이야기 나누며 까만 밤의 빛나는 수많은 별이 질투하여 들어갈 때까지 이야기꽃을 피웠다.

중당마을에서 조금만 내려오면 사거리가 있다. 이 사거리에 전방(가게)이 있어서 언제나 쫄래쫄래 달려가던 정다운 사거리다. 그리고 커다란 양조장이 있어서 막걸리 냄새가 물씬 풍기고 어디선가 와서는 병영 쪽으로 회전하여 돌아가는 버스가 하루에 몇 번 지나간다.

병영 쪽으로 조금 가다가 자그마한 언덕에 큰아버지. 큰어머니 그리고 나의 어머니 한정례집사가 잠들어 있는 곳이 나온다.

사거리에서 더 내려가면 하당이 나온다. 하당의 한 사촌 누나 친구 집인지 모르는 집에서 사촌 누나(연자)와 사촌 동생들과 까르르 웃으며 까만 밤을 하얗게 지새운 날들이 한 편의 동화 나라 시되어 흘러가고 있다.

하당에서 조금 더 내려가면 평리가 나오고 그다음이 작천면이다. 작천초등학교를 지나 조용히 흐르는 개천 길을 따라 십 리 정도 걸으면 신기마을이 나온다. 이곳에는 작은이모가 사시는 곳이다. 그 옆에 또 하나의 대문이 보이는 집은 형수님의 어머니가 사시는 집이다. 신기 이모네도 넓은 마당과 펌프 물과 장독대가 사이좋게 자리 잡고 있다.

웃통 벗고 엎드리면 시원한 물을 몇 바가지 부어
주시던 정겨운 사람들이 오늘 많이도 늙으셨다.
거기서 조금 더 가면 성전이 나오고 월출산이 가깝
고 금릉(강진의 옛 이름) 경포대계곡이 그리 멀지
않고 고모네가 사시던 해남으로 가는 길도 멀잖이
자리 잡고 있다.

다시 태어난 상당마을로 가서 위쪽으로 올라가면
커다란 저수지가 나온다. 사람도 죽는 저수지라 하
여 왠지 늘 무섭게만 느껴지는 저수지다.

그곳에서 산 쪽으로 오르면 까치네 골이라고 불리
는 재를 여러 겹 지나고 오른쪽으로 틀면 강진읍이
나온다.

고려청자로 유명한 대구면이 가깝고 요즘 화젯거리
인 가우도 다리가 가까운 곳에 있으며 미량항의 포
구와 한식 푸짐하게 차려 내놓은 식당들과 토하새
우집들이 언제나 부르는 듯한 곳이 아니던가!
월출산의 금릉 경포대계곡과 다산초당. 모란이 피
기까지는…. 병영산성. 고려청자마을 주작산 휴양
림. 석문공원. 강진만 생태공원 등등의 장소들이 이
근방에 들릴 일 있으면 한 번쯤 보고 가자고 손짓
하는 듯한 강진이다.

북한산 이야기

오래전에 진천으로 심방 가기로 되었었는데 코로나 4단계로 취소되었다.

어렵게 받아 놓은 하루 휴가를 34도의 무더위에도 흘려보내기 싫어 아내와 난 산행을 꾸려 가까운 북한산 백운대를 목표로 출발하였다.

북한산 하면 늘 가까이 있었던 뒷동산 같은 정겨움으로 다가온다.
마포구 공덕동의 초등학교 시절에 세검정 계곡의 맑은 물에서 수영하고 돌아온 산, 상계4동 살면서 바라보던 인수봉, 안방학동 살면서 고개만 넘으면 만나보던 산, 길음동에 살면서 정릉 방향에서 만나본 산,
결혼하여 신혼살림을 꾸린 진관외동에서 가볍게 오르내리던 봉우리, 홍제동 꼭대기에 있는 극동아파트에 살던 형님네 집에서 가볍게 오르던 뒷산

주일학교 어린이들의 여름성경학교 마지막 프로그램인 수영장코스로 맑은 자연의 물로 만든 북한산성 수영장은 지금도 눈에 선하다.

사랑하는 두 분의 목사님들과 새벽에 백운대에 올라 점심을 하산하여 먹고 오후 일과를 볼 수 있었던 산이 아니던가!

이런 산을 더운 날이지만 저도 아내도 다리에 힘을 주는 운동이 필요했기에 다시 찾은 산이 북한산이었다.

도선사 입구 쪽에 차를 대고 하루재쪽으로 올라 인수봉을 가까이서 보고 백운대로 오르는 길 아내는 무섭다고 쩔쩔매었다.

귀한 분을 만나 앞에서 끌어주고 뒤에선 내가 받쳐주고 해서 겨우 올라온 백운대, 마지막 고지인 태극기 있는 정상 표지석 바로 밑이 아내가 최종으로 찍은 위치였다.

멀리 사패산과 도봉산 오봉, 수락산 불암산 아차산 일산 파주까지 시야에 들어오는 경치에 흠뻑 빠지지 않을 수 없었다.
고마운 분의 도움을 내려올 때도 받아 뒤로 겨우겨우 내려오고 만경대와 용암봉을 돌아 도선사로 내려오는 코스로 안전하게 내려올 수가 있었다.

언제나 한결같은 그분과 같은 산이 북한산이 아니던가!

앞에서 끌어주고 뒤에서 받쳐줘서 가야만 하는 길은 보이지 않게 언제나 밀어주시는 그분의 보호하심이 오늘 우리를 살게 하심을 다시 한번 일깨워준 산이 바로 북한산이다.

가장 중요한 일

코로나로 불볕더위로 시끄러운 세상으로 복잡한 세상으로 교회에 대한 과도한 제재로 어지러운 세상에서….

그리고 기도해야 할 나라와 민족. 교회 안팎의 가정. 가족 식구들 해결해야 할 문제들. 신학교 방학으로 2학기 수업준비. 목회학 논문 2차 통과를 위한 준비로 맘도 몸도 바쁘지만, 오전에 꼭 해야 할 일들이 있다.

기도하는 일. 찬양하는 일.
꽃에 물을 주는 일. 그리고 말씀 묵상하는 일이 그것이다.

점심 후 오후 일과로 논문준비와 말씀준비·히브리어 원문해석과 대신 목회대학원 수업준비. 총회신학교(2곳) 수업준비. 대신대학원대학교 수업준비. 8구조영어수업준비를 하다 보면 어느새 저녁 8시가 된다.

이때 봉을 잡고 옥상으로 가서 허리와 어깨 그리고 목을 풀어주고 회전술을 연마하고 기본기를 갖추고 교회를 정리·정돈하고 집으로 돌아가 사랑하는 아내와 식사를 같이한다.

건강도 챙겨야 하고 먹고 사는 문제도 해결해야 하고 물질문제도 해결해야 하고 복잡다단하고 크고 작은 문제도 해결해야 하고 당장 인생 앞에 펼쳐진 문제도 해결해야 하고 노후도 준비해야 하고 죽음도 준비해야 한다.

이런 세상에서 아무리 바쁘고 복잡한 세상일지라도 꼭 해야 할 일이 있다.

그것은 주님을 향한 예배이다. 주님과의 대화인 기도이다. 주님의 음성을 듣는 말씀 묵상이다.
주님과 함께하는 찬송이다.

오늘도 가장 중요한 일을 하고 있는가?

수박 이야기

금천구 시흥 사거리 대명 시장 입구 건널목에서 녹색등을 기다리던 나는 채소 가게 청년의 우렁찬 소리에 고개를 돌려 보았다.

커다란 수박을 대형 나무상자에 가득 담아 놓고 팔면서 소리를 우렁차게 지르는 것이었다.

한 가냘픈 여인이 오랫동안 서 있다가 머리보다 더 크게 보이는 수박을 산듯하였다.

나는 머릿속에 스쳐 지나가는 그림이 떠올랐다.

여린 몸으로 커다란 수박을 비닐 끈으로 받히고 두 가닥 줄을 꼭 붙잡고 언덕 위를 올라가는 여인들의 모습이었다.

가족들이 맛있게 먹을 것을 기대하면서 무거운 수박을 과감하게 사서 들고 가는 여인들이 언제나 위대해 보였다.

오늘 커다란 수박을 산 여인이 어떻게 들고 갈 것인가가 궁금하여 건널목을 건너와서 지켜보았다.

청년이 싸준 비닐 손잡이를 드나 싶더니 조금 더 들어 올려 가슴에 안고 골목길 안쪽으로 쭉 따라 올라가는 뒷모습을 보여주며 점점 멀어져 갔다.

지난 주일 사택에서 점심을 먹고 우리 집사람이 잠깐 안 보인 사이에 벌써 커다란 수박을 한 통 사서 들어오는 것이었다.

한 통에 2만7천 원이라는 것이다.
웬 수박이 이리 비싼가?

엊저녁에 냉장고에 넣어 둔 수박을 사 왔다.

그 시원함과 맛은 비싼 값을 하고도 남았다.

집에서 가까운 과일 가게 주인은 좋은 과일을 팔며 가게의 반을 일일 화라는 꽃으로 장식하고 내가 지날 때면 긴 소파 위에 맨발로 누워있거나 기타를 치곤 하는 사람으로 기억된다.

대명 시장을 건너 현대시장으로 들어섰다. 기다린 시장에 과일 가게가 즐비하였고 오늘은 크고 작은 수박이 눈에 띄는 날인가 보다.

현대시장을 다 지나서 남부 여성발전센터 쪽으로 오르다 보면 코로나 위기로 문을 닫았는지 모를 하나야 행사가 있던 자리에 새 건물이 완공되었는데 그 비싸 보이는 1층에 과일과 채소 생선 닭까지 파는 가게가 얼마 전에 개업해서 축하 화환이 있는 집이었다.

이 집을 지나는데 커다란 수박이 대형 나무상자에 가득 담겨 있고 하얀 종이상자를 오려낸 곳에 7천원이라고 하는 글자가 선명하게 나의 시야에 들어왔다.

우리네 어머니들이. 우리네 아내들이. 가냘픈 여인네들이 무거운 수박을 들고 가는 모습은 존경스러운 모습 그 자체임을 보여주었다.

오늘 저녁 나도 커다란 수박을 사 들고 집으로 가는 모습의 사람이고파 큰맘 먹고 가게에 들어갔다.

안쪽에는 좋아 보이는 수박 위에 하얀 종이에 까만 글자로 2만 8천 원이라고 씌어 있었다.

가격도 엄두도 안 나고 무겁기도 하고 자녀들도 없는 이런저런 핑계로 밖에 수북이 쌓아 놓은 7천 원짜리 수박을 사겠노라고 했다.

반갑게 다가온 주인 같은 여자분은 다 같은 수박이 아니며 암놈을 골라왔다고 건네주었다.

수박 꼭지에 동그란 부분이 작은 게 암놈이고 좀 큰 원 모양이 수놈이라고 설명을 곁들이며 커다란 비닐봉지에 담아 주었다.

기쁜 맘으로 수박을 건네받아 걸어가는 발걸음은 가벼웠다.

무거운 것을 들고 가서 같이 나눠 먹을 것을 생각하며 걸으니 가볍게 느껴진 것일까?

저녁 식사를 마치고 남원에서 사주신 김치냉장고 안에 넣어둔 커다란 수박을 꺼내
넓은 요리사 칼 같은 것으로 쭉 잘라 접시에 담아 식탁으로 가져갔다.

점수 좀 따려나 생각했다.

한 입 베어본 아내는 앗 퉤퉤 어디서 이런 수박을
샀냐고 퇴짜를 놓았다.

다 버리게 생겼다.
며칠 전에 먹은 수박 맛이 아닌 이상한 맛의 수박
이었다.

아무거나 사는 게 아니었다.

순대, 곱창 이야기

청계8가가 고향처럼 느껴질 정도로 삼일아파트 중앙시장은 청춘의 때에 살았던 지역이다.

홀로 계셨던 어머니께선 곱창볶음을 좋아하셨다.

아니 아들이 중앙시장에서 고향 아주머니가 소주 붓고 깻잎 듬뿍 올려 철판에 볶아진 것을 사서 검은 봉지에 들고 온 곱창을 좋아하셨던 거였다.

삼일아파트 23동 금동이 은동네가 주인집이고 작은 방을 하나 얻어 사는데 그 방이 또한 어찌 그리 행복한 방이었는지요.

화장실도 부엌도 같이 쓰기에 눈치만 늘어가는 집이었고 두 발 쭉 뻗고 자기에도 힘든 방이었지만 사랑하는 어머니와 나 두 사람이 검은 봉지 위의 비닐에 펼쳐진 곱창 냄새와 아스라이 오르는 김의 향연을 느끼는 그때 그것은 행복이 무엇인가를 일깨워 주기에 충분하였다.

사실 나는 곱창을 별로 안 좋아한다. 중앙시장 중앙통로 뒷길로 들어서면 한 집 걸러 곱창·순대를 만들어 내는 집들이 즐비하였다. 냄새와 불결함이 잔상으로 남아 지금도 잘 못 먹는다.

많은 음식이 만드는 거 보면 먹기 힘든 것처럼 순대와 곱창이 그런 종류가 아닐까 싶다.

교회 옆의 현대시장은 지금의 동무다 책을 읽다가 설교준비를 하다가 수업준비를 하다가 하루 2번은 지나는 정겨운 통로가 되어있는 절친한 친구다.

이 통로에 곱창집이 있다. 철판에 볶아낸 그 아련한 냄새와 함께 올라오는 김을 바라보며 지나곤 한다. 금요일엔 길게 줄을 서기도 하고 주일엔 꼭 문을 닫는 놀라운 곱창집엔 닭갈비 또한 유명하여 맛집으로 통해 먼 곳에서도 찾아오기도 한다.

또 한 곳이 있는데 중앙통로에서 약간 벗어난 곳에 작은 가게에 둥그런 양푼 같은 곳에 오로지 순대만을 올려놓고 30년 이상을 한 곳에서 한 품목으로 장사를 해 오신다고 한다.

얼마 전 수요일 성도들과 순대 파티를 열기로 하고 날을 잡았다. 순대는 내가 사기로 하고 용감무쌍하게 아내의 카드를 들고 거침없이 나아갔다.

가게에 도착하니 맛난 순대는 보이지 않았고 하얀 종이에 매주 수요일 쉰다고 하는 글자만이 나를 반겨주었다.

이런 순대와 곱창이 비 오는 날이면 더욱 아스라이 떠오른다.

오늘 이슬비가 조금 내리려 온다.
하늘에서….

오후엔 순대라도 사 들고 들어가야 하는 건 아닌지 모르겠다.

최고의 배움

1. 진리·관심·마음·가슴·기쁨·영원한 것에 배움을 두라

세상에 태어난 인간은 배움의 동물이다. 무언가 꾸준히 배우며 살아간다는 것이다.

그런데 문제는 무엇을 배울 것인가에 있다.

평생을 잘못 알고 배우기도 하고 가짜를 배우다 인생의 시간을 다 허비해 버리는 가장 안타까운 인생들이 세상에는 참으로 많다.

참된 진리인 성경을 만나 성령의 가르치심을 따라 그 안의 진리를 배우는 것보다 인생에서 더 큰 배움은 없다.

그 안에 인생의 모든 일과 전우 주와 영원의 영원을 말하고 있기에 진리를 만나 배운다면 이 보다 더 귀한 배움은 없을 것이다.

성경은 당신을 유일하신 참 하나님으로 알고 그의 보내신 자 예수 그리스도를 아는 것이 영생이라고 말한다.

진리에 관심 있는 곳에 마음 가는 곳에 가슴 뛰는 일에 영원한 곳에 우리 인생의 배움의 가치를 두고 살아가는 것이 그 무엇보다 우선한 가치이다.

2. 집중적으로 배우고 배운 것을 토대로 자기만의 독창적인 것으로 다듬어 나가라

배우고 안 쓰면 다 잊히고 나중엔 쓸모없어지거나 더 어려워질 수도 있다.

관심 분야에 대한 배움이 있었다면 잘 정리하여 자기 것으로 만드는 작업이 필요하다.

3. 연구하면서 배워라. 가르치면서 배워라.

배움의 단계에 있어서 그 어떤 깨달음과 환희의 기쁜 순간이 오는 단계에까지 가도록 배워야 한다.
즉 고민하고 연구하고 개발하는 마음으로 최선을 다할 때 진정한 배움의 단계에 들어섰다고 할 수 있을 것이다.

그리고 가르쳐 보어야 한다.
가르치게 될 때 보다 더 넓고 깊은 단계의 연구와
배움이 증진되는 것이다.

몇 사람이라도 붙잡고 가르쳐 보라.

큰 배움의 경지에 반드시 이르게 될 것이다.

4. 베풀고 나누면서 배우라.

배움의 간직은 어리석은 것이다.
배움의 목적은 나눔과 베풂에 있는 것이다.
목회하면서 수많은 사람의 고민과 고충 나아가 난
관의 문제들을 함께 풀어나가려는 과정에서의 나눔
과 베풂을 통하여 많이 배우게 되는 것이다.

5. 죽는 날까지 배워라.

배움은 우리 인생의 마지막 시간까지 가져야 할 인
생의 자세이다.

진리에 대해서 그분에 대해서 그분이 보내신 분에
대해서 의와 진리와 생명과 영생과 영원에 대해서
죽는 날까지 배워라.

복숭아 이야기

며칠 전 아내가 좋은 과일을 진열해 놓은 가게 앞을 지나면서 복숭아가 아주 좋아 보여 사려고 했는데 너무 비싸서 지갑을 열지 못하고 돌아왔다.

복숭아는 그렇고 며칠 지나면 포도가 많이 나올 테니 포도를 사 먹자는 말로 위안을 삼고 다음 날을 맞이하였다.

오전에 지인으로부터 전화가 왔다. 언제 식사 한번 하자고 했는데 오늘 시간이 되어 함께 할 수 있다는 것이다.

마침 말복 날이었다. 금천구의 유명한 삼계탕집은 줄을 서서 기다려야만 했다.

교회 맞은편으로 아웃렛 마트를 지나 오르다 보면 오른편에 삼계탕집이 하나 나온다.

이 집의 반계탕이 나에게 양도 맞고 맛도 딱이다. 7천 원에 점심을 그것도 복날에 기다리지도 않고 널찍하게 앉아 먹을 수 있는 복된 날이었다.

그곳 주인장은 강남에서 오랫동안 식당을 하다가 이제 손님이 적은 곳에서 여유롭게 하려고 이곳으로 오게 되었다고 했다.

식사 후 교회에서 담소를 나누고 돌아가려고 하는데 차 안에 복숭아가 있다는 것이었다.

어제 아내가 그리 좋아 보여 사려 했던 것과 같은 아니 그보다 훨씬 좋아 보이는 상주 복숭아였다.

얼마 전에는 교회 권사님께서 고향에서 농사지어서 보내온 복숭아라고 주신 값지고 맛난 맛도 보았던 터라 복숭아가 이렇듯 보기 좋고 맛난 복숭아는 올해 처음 맛본 거 같았다.

성경에 선악과는 먹음직하고, 보기에 아름다우며, 지혜롭게 할 만큼 탐스러운 나무였다고 표현하여 이 선악과의 과일을 두고 사과(라틴어 뜻이 악이라서) 무화과(무화과 잎으로 가려서) 포도(보기 좋고. 피와 관련 · 성별의미로) 복숭아(보기 좋고 탐스러워서)….
등등으로 말하고 있지만, 그 정확한 과일은 모른다.

그 선악과 중에 하나로 추정될 만큼의 위치로 복숭아가 보암직하고 먹음직하고 탐스러운 과일 중에 하나임은 분명하다.

나는 털복숭아를 가까이하면 가려움의 알레르기가 좀 있어 아내가 깎아준 복숭아를 먹는다.
손대지 말라고 한 금단의 열매 중 하나인 것을 어렴풋이 알 수 있게 남겨놓은 흔적은 아닐까(?)

부패하면 망한다

아프가니스탄이 탈레반에게 넘어갔다. 여러 가지 이유가 있겠지만 그중에 가장 큰 원인으로 정부의 부패와 무능을 들 수 있다.

원조를 받아 착복하고 허위명단의 군인들 월급도 제대로 안 주고 치안은 불안하게 만들고 곳곳이 썩어 있었고 받아 먹는 데 익숙하여 스스로 자멸했다는 것이 더욱 맞는 말일 것이다.

한 나라의 흥망성쇠는 부패와 무능이라는 수식어가 따라 다니며 흥하기도 망하기도 하는 역사를 우리는 보아 왔다.

교회의 역사에서도 비대해지고 물질이 넘쳐남으로 인한 비리와 다툼 부패로 말미암아 타락의 길을 걸을 때가 많았다.

가톨릭이 부패하였고 개신교가 부패하였다.

대형화와 압도하는 건물로 신앙화하려는 시도가 있었다.

봉헌된 헌금이 투명하지 않았다. 바티칸을 중심으로 유지하는 데에 상당한 물질이 들어가는 제도이다. 대형화 기업화된 교회를 유지하는 데만도 많은 돈이 들어간다.

사역자들의 사례비가 과도하게 나간다. 중산층의 중간 정도의 사례비를 책정하고 나머지는 안 받아야 하는데 도서비다 관리비다 등등으로 들어가는 비용이 과도하다.

교회의 확장을 부흥으로 보는 시각으로 축적한다. 몇몇 재정부의 사람들만 아는 재정을 불투명하게 운영하는 부패를 서슴지 않는다.

교회의 공교회를 잊고 사 교회쯤으로 생각하고 큰 교회 일부는 자녀 사위 등등으로 물려주기를 마다하지 않는다.

작은 교회의 일부는 목회하다 어려우면 그만둬 버리거나 팔거나 끝에 가서 흐지부지 넘겨버린다.
나아가 직분을 받을 때 무슨 돈이 필요한가? 최소 경비로 직분자를 말씀에 따라 세우면 되는데도 무슨 직분은 어느 정도 해야 한다는 망측한 일들이 일부에서 일어나고 있다.

일부 교회는 축적된 물질로 교회 건물 과도하게 크게 짓고 기도원, 수양관, 묫자리 등등을 사고 심지어 어느 교회는 전국에 땅을 사놓기도 한다.

말씀은 또 어떠한가?
잘되라는 말씀 구수한 이야기 웃기는 말씀 속 시원한 말씀들이 판을 친다.
진리의 말씀을 들어보기 쉽지 않은 세상이다.

코로나가 창궐하면 일단 최대한 방역에 협조하고 지키면서 한국교회가 하나 되어 부당한 대접을 받는 부분이 있으면 한목소리로 대변해야 하는 데 몇몇 교회 만이 투쟁하듯 하면 문제는 더욱 꼬이게 될 수 있다.

잘하는 교회가 대부분인데 언제나 문제는 몇몇 교회가 잘못하면 한국교회 전체가 욕으로 다가온다.

우리 모두 개인적으로 부패하지 말자.
가정적으로 부패하지 말자.
교회적으로 부패하지 말자.

나부터 잘해야겠다.

하나님과 사람 앞에서 사랑스러워 가신 주님처럼
그렇게…….

추읍산

제2의 고향 양평에 있는 추읍산에 올랐다.

정상에서 칠 개의 읍이 보인다 해서 칠읍산이라하
다 추읍산으로 불리기 시작했다고 한다.

어디에 서서 어디에 있을 때 우리는 무엇이 보이는
가?

남한강이 한눈에 보이고….
그 물이 흘러 두물머리에서 북한강과 만나 하나의
강으로 흘러간다.

우리가 흘러가다 누구와 만나기도 헤어지기도 하는
데 오늘은 어떤 이들과 만나 흘러가고 있는가?

붉은 흙을 밟아 계속 오르기만 하다 정상을 만나는
추읍산은 중앙선 전철 타고 원덕역에서 내려 바로
갈 수 있는 멋진 산이다.

어떤 길을 따라가다 만난 장상인가를 늘 기억하며
감사하며 만나는 정상이 아니던가!

새파란 물이 흐르는 데 동네 사람들은 흑천이라 부른다고 한다.

모든 것을 흘려보내는 흑천처럼 크고 작은 시름들을 자연스레 흘려보낼 수 있는 넉넉한 맘으로 촉촉이 내려주시는 은혜의 단비로 독산동으로 향했다.

대신 목회대학원의 강의를 마치고

오늘 몇 달 전부터 준비해 온 대신 목회대학원의 강의를 마치고 돌아왔다.

다른 교단 신학교 수업을 주로 하는 저로서는 너무나 좋은 시간이었다.

오늘의 주제는 원문적용 강해 설교 어떻게 할 것인가였다.

원어 분해대조 성경으로 본문을 이해하고 강해 설교에 적용하는 원리와 그 작동에 대해 나눌 수 있는 좋은 시간이었다.

강해 설교의 핵심강의와 히브리어 원전을 적용하는 방법에 대해 집중강의를 했다.

코로나로 많은 분이 참여는 못 했지만, 영상으로 볼 수 있을 거라고 한다.

코람 데오라는 앱을 휴대전화에 내려받은 후 문법을 분해(파싱)해 놓은 약어표를 통해 단어의 깊은 의미와 구와 절 그리고 동사와 그 동사의 주체를 찾고 그 대상(목적)과 수식어들을 연결하는 것을 실제 현장에 참석하신 목사님들과 나누었다.

히브리어의 머꼬(머리 꼬리)때문에 히브리어 자체로 원문을 보는 데 10년이 걸리는데 1시간 만에 파싱을 통해 원문을 해석해 낼 수 있는 좋은 시대에 사는 것이니 우리 말씀의 사역자들에게는 너무나 감사하고 행복한 일이 아닐 수 없다.

교단 신학교에서 강의 할 수 있어서 행복하고 기쁜 날이었다.

대신의 목사님들과 함께 나눌 수 있는 소중한 시간이었다.

강의를 마치고 12분의 전체 강의안을 읽어보았는데 참으로 유익하고 깊이 있는 성경·신학. 교단사·설교·목회·신약·구약·청소년 등 다양한 실천목회의 정수를 배울 수 있는 귀한 강의 내용으로 가득 찼다.

기회가 되면 목회자들이 보수교육 차원으로 모두가 들을 수 있는 환경으로 발전해 나갔으면 좋겠다.

1년에 여름·겨울의 두 차례 개강하는 대신 목회대학원에 목회자의 의무교육 정도로 생각하고 참여하면 좋겠다는 생각으로 가득 찬 오후였다.

소설 이야기

소설을 밤이 깊어 가는 줄 모르고 읽었던 때가 있었다.

미아리 혜화타자학원에서 낮엔 교육청 서류 심부름과 고장 난 타자기 수리, 저녁엔 서랍 하나하나에 들어있는 쓰레기들을 끄집어내고 닦고 훔치며 마포걸레로 온 바닥을 치우고 나면 사무실의 긴 의자가 나를 반기곤 했다.

그 긴 의자 뒤로 장식처럼 여러 권의 소설책들이 키 재기 하듯 꽂혀 있었다.

그중에서도 유정과 무정이라는 소설과 톨스토이의 부활이라는 책이 가장 기억에 남아 있다.

특히 부활의 사팔뜨기 여인이 그렇게 아름답게 그려져 새겨졌기에 나중에 영화로 나왔을 때 내게 새겨진 아름다운 영상을 영화가 도저히 표현하지 못하거나 내가 고이 간직한 아름다운 상(像)이 흐트러질 것 같은 미약함 맘으로 그 영화를 안 보았던 기억이 새록새록 하다.

그리곤 간간이 단편소설을 보곤 했지만, 소설이라는 책보다는 성경과 신학 그리고 원어학에 관련된 책만 보다가 목회자 책 읽기 모임을 통해 오랜만에 접한 소설이 '오만과 편견'이었다.

어느 한 가정의 딸들의 결혼성사를 두고 벌어지는 이야기들이 전개되는데 귀족사회와 많이 다른 문화의 배경으로 펼쳐지는 이야기에 사람들의 관계들을 이해하기도 버거운 흐름이었다.

목회자 책 읽기 모임의 리더분들의 정리를 통해 깔끔하게 정리된 것을 보고 어느 정도 그 흐름을 파악할 수 있게 되었다.

인문학 그중에서도 소설이라는 장르에 오랜만에 500여 페이지 책을 접한 것도 있지만 여전히 인문학에 대한 부족함이 여실히 드러나는 시간이었다.

언젠가 읽을 도서목록에 적어 놓고 있다가 아직 손도 못된 책들이 많다.

이번 기회를 통해 소설을 가까이하고 인문학의 지평을 조금이라도 넓혀가야 할 거 같다.

목회자 책 읽기 모임이 아니었으면 엄두도 못 낼 일들을 미력하나마 따라갈 수 있도록 이끌어주시는 목사님들과 교회에 너무나도 감사하다.

이끄시는 분들에 최소한의 예를 갖추기 위해서라도 책을 읽고 몇 자 적어보고 함으로써 또 깊이 보고 나눠주시는 귀하신 목사님들을 보면서 많이 배우게 됩니다.

소설에 대해 세상에 대해 오만과 편견을 가지지 말고 아름다운 마음을 가꾸려는 마음의 정원사로 오늘도 큰 가위를 들어본다.

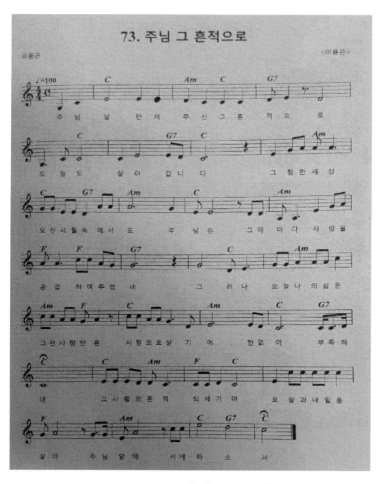

73. 주님 그 흔적으로

자작곡 주님 그 흔적으로

Part 3

코로나 19 아침 묵상

가을과 결실

다른 모습이 바른 모습일 수 있다

코로나로 인하여 예배와 신학교강의가 많이 줄어들었다.
오랜만에 여유가 생겼다.

교회 집사님이 전에 아들이 받았는데 한 번도 안쓰고 있길래 목사님께서 쓰시는 게 나을 것 같다며 주신 하모니카가 문득 생각나서 꺼내 들었다.

유튜브에서 가장 기초 부분을 들으며 따라 했다.

도레미파솔라시도가 기본적으로 알고 있는 순서인데 하모니카는 도레미파솔라 까지 하고 도가 있고 그다음에 시가 나오는 게 달랐다.

즉 도레미파솔라도시 라는 것이다. 참 신기했다.

작대기 하나 그어놓고 이등병이라 하고 두 개 그어놓고 일등병이라 한다.

지구도 기울어져 있고. 사랑니도 기울어져 있기도 하다.

파이는 3.14하고 끝없이 이어진다.

얼마 전에 알았는데 드럼의 북에도 음이 있어 맞춰 줘야 한다고 한다. 그저 박자만 맞춰 두드리는 게 아닌가 보다.
피아노도 미파와 시도가 반음으로 되어있어 흘러가고 있다.

거울도 비치면 반대로 보이고 영상도 전면을 찍으면 반대로 촬영된다.

우주의 수많은 별도 우리가 생각하지 못한 모습으로 자리 잡고 부지런히 제 갈 길을 가고 있다.

얼마 전 류현진 투수가 6회까지 승리를 이끌고 내려왔고 게임도 승리했는데 승리투수는 되지 못했다. 이유는 그 다음 투수에서 동점을 허용하거나 역전당하면 안 된다는 것이다.

난지도의 쓰레기 더미가 변하여 상암동 하늘공원 되어 우릴 반기며 정상에 있는 하늘을 담는 그릇은 비어있고 밑이 터진 그릇이다. 그러기에 하늘을 담을 수 있지 않을까?

폐암으로 투병하시는 스승 목사님께서 늘 암 수치
는 누구나 가지고 있고 함께 살아가는 것이라 하시
며 이제 말씀과 구원에 있어서 더욱 확신의 삶을
살게 되었다고 힘주어 말씀하신다

다른 위치 다른 말 다른 행동들이 다가올 때 버거
워하지 말자
내가 보고 알고 느낀 것이 전부가 아니다.

나름대로 이유가 다 있는 것이다

당황하지 말고~
힘차게 맞닥뜨려 살아가 보자
내 힘이 아닌
그분이 주시는 힘으로…….

지하통로 보수 공사 이야기

금천구청 치수과 발주로 법원단지 주변 지하 관로 보수 공사를 하고 있다.

지하통로 2m 넓이의 통로(이곳은 복개 공사한 곳으로 비교적 넓은 편이라 함)에서 먼저 콘크리트 청소(제거작업)를 마치고 지금은 윗면 옆면의 미장 공사를 진행하고 머잖아 흐르는 물을 넘겨 놓고 바닥이 마르면 아래도 미장 공사를 한다고 하였다.

전기 발전기와 커다란 물통 콘크리트 섞어주어 둥그런 관을 통해 공급해주고 있었다.

장화 달린 긴 작업복과 둥그런 마스크를 쓰시고 약국 앞에 앉아 담배 한 대 피우시고 난 후 작은 물통 하나 손에 들고 철제 사다리를 통해 흐르는 물속으로 한 분 두 분 내려가기 시작했다.

오늘도 지하통로 보수 공사를 위해 위험한 작업장을 향하여 나아가고 있었다.

그래서 이 일은 비와 깊은 연관이 있다고 한다.

비 오는 일기예보를 잘 보고 작업을 시작해야 하고 작업 중에라도 비가 오기 시작하면 얼른 멈추고 올라와야 위험에서 벗어날 수다고 하였다.

우리가 편하게 물을 쓰고 물을 흘려보내며 살 수 있는 한쪽에는 이러한 분들의 수고가 있었다.

지하통로 몇 미터 아래에서 작업하시는 모든 분은 대단히 수고하시는 분들이다.

때론 좁디좁은 통로를 만나기도 하고 질소가 부족하여 숨쉬기도 곤란하여 산소통을 매고 들어가야 하는 통로를 만나기도 한다.

밖에서 안전을 보아주시는 신호수 하시는 분의 전체적인 조율 속에서 하나하나 착실하게 이뤄지는 작업은 숭고해 보이기까지 했다.

바로 앞 건물 3층이 교회입니다. 화장실이라도 사용해주시라고 전해주고 올라와 강단에서 무릎을 꿇는다.
지나다가 주변에 힘든 작업을 하시는 분들을 보게 되면 수고하신다고 따뜻한 말 한마디라도 건네보며 살면 좋겠다.

죽은 것 같은 가지와 완전히 죽은 가지

5월의 장미꽃만 피우고 마는 장미는 아니었다.
장미 한 가지를 보면 거의 죽은 것 같은 바싹 마른 가지였다.

그런데 거기에서 새순이 돋고 자라기 시작하여 긴 장미 넝쿨을 이루고 있다.

완전히 죽을 때까지 아직 죽은 것은 아니다.

최선을 다해 물을 주고 지켜보면서 기다리는 것이 무엇보다 중요하다.

다른 한 가지는 완전히 죽은 가지로 판명된 것이 있다.

오늘 아침 장미는 그의 가지 넝쿨이 길어지면서 그 무게를 이기지 못하여 한쪽으로 축 늘어져 있는 모습을 내게 보여주고 있었다

바로 옆에 완전히 죽은 가지가 뽑히지 않고 그대로 있었다.

그 죽은 가지가 살아 있는 가지를 지탱해주는 모습으로 쓰임 받고 있게 되었다.

우리네 인생과 많이 닮았다.

죽은 것 같지만 아직 안 죽었다.
아직 할 일이 남아 있다.

완전히 삶을 마감해서 그분 품에 안기고 나서도 이 땅에 남아 있는 사람들에게 자그마한 자태로 지지대 역할로 쓰임 받을 수 있을 것이다.

오늘이 바로 그런 것을 준비할 수 있게 주어진 시간이다.

선물로 주어진 오늘을 나누고 세워주고 보탬이 되는 그런 삶이 되었으면 좋겠다.

강은 교회와 칠보산 이야기

목사는 목사님들과 자주 만나면 좋다

선배님들의 목회 이야기며 인생 이야기도 큰 힘이
된다

한 분 한 분 목사님들은 자기만이 가지고 있는 그
무언가가 있다.
모두가 스승이다.

한바탕 웃어 볼 수 있는 것도 흠이 되지 않고 주
안에서 행복할 수 있다.

가까이서 목회하는 작곡가 목사님과 함께 강은 교
회로 출발했다.

서수원의 강은 교회에서 함께 찬양하며 은혜를 나
누며 식사도 같이하고 직접 곡을 쓰신 CD를 선물
로 받고….

그리고 서수원 쪽에서 가까운 칠보산에 올랐다.

중턱의 의자에 편안한 맘과 몸으로 찰칵 한 번하고

팔각정에 이르렀다.
노랗고 커다란 아이스크림 상자가 눈에 들어왔다.

장사하시는 분을 불러보았으나 아무도 나타나지 아니하고, 저쪽에서 아이스크림을 먹고 있는 사람들만 보였다.

상자에 뭔가 쓰여 있는 듯하여 가까이 가보았다.

무인판매였다.
뚜껑을 여니 왼쪽 칸엔 천 원짜리가 가득하였고 오른쪽 칸엔 아이스크림이 바닥에 깔렸었다.

돈이 없으면 외상으로 먹고 온라인으로 보내라고 계좌번호도 친절하게 적혀있다.

팔각정에 앉아 시원한 바람과 함께 먹는 비비빅 아이스크림은 그야말로 꿀맛이었다.

선배 목사님으로부터 인생과 목회 그리고 신학교, 노회, 총회, 경목 자녀들 이야기를 통해 많은 것이 깨달아지고 풀리고 넉넉해지는 것이 다가왔다.

대신엔 훌륭하신 선배 목사님들이 많아서 좋다.

후배들에게 좋은 선배로 기억되는 삶을 살아야겠다고 다짐해 보며 돌아오는 차창의 구름은 코로나로 지친 마음을 보드랗게 달래주고 있었다.

나눔

사택에서 가까운 곳에 과일 가게가 하나 있다.
일일 화로 천국을 이루어져 있는 가게이다.
과일은 한쪽만 펼쳐놓고 나머진 모두 일일화로 꾸며 놓았다.

지나가며 너무 아름답다고 연신 감탄을 뿜어내는 나의 모습을 보고 그 가게의 건너편에 있는 슈퍼 남 집사님께서 새순으로 올라온 가늘고 가냘픈 일일 화 두 줄기를 주셨다.

고이 가져와 교회 옥상에 심었는데 얼마 못살고 그만 사라져 버렸다.

너무 작은 것이라서 그런 거 같다며 이번에는 좀 더 키운 일일화를 건네주었다.

오늘 아침 슈퍼에 들렀을 때 보니 3개가 더 놓여 있었다.
다들 시집보낼 거라고 하셨다.
이웃과 아름다운 나눔을 가지는 귀한 마음이 너무 곱습니다.

작은 거 하나라도 나누려고 하는 아름다운 마음들이 이어지는 소박한 동네 독산동이다

그 마음으로 환하고도 밝은 마을로 힘차게 나아가고 있다.

미술전시회를 통해 기부받은 쌀을 어려운 교회에 나누고 싶다고 연락해오신 한 권사님의 귀한 나눔이 널리 퍼져 나갔고 박카스 한 병이라고 수고했다고 건네는 아름다운 마음들이 예쁜 공간을 만들어내고 있다.

교회 옆 정육점 청년 같은 남 사장은 언제든지 넉넉한 베풂을 주려 준비 중인 사람처럼 늘 눈인사하며 지난다.

늘 청춘 같은 요구르트 따님과 권사님은 지나칠 때마다 월 한 개 드시라고 권하곤 한다.

시장의 많은 분이 덤으로 주려는 맘으로 오늘도 장사하시는 분들이 많다.
지나는 사람들에게 오늘도 그 넉넉하고 풍성한 마음을 전하고 있다.

동행

누구와 언제 어디를 동행했는지가 오늘의 삶이고 오늘의 그 삶이 미래의 나를 결정할 것이다.

그러므로 오늘 나의 동행의 모습이 중요하다고 말하지 않을 수 없다.

그 동행의 출발은 누구와의 동행이냐에 따라 달라지므로 복이 되기도 하고 화가 되기도 한다.

인생길에서 하나님을 만난 은혜중에 은혜의 복이 있다. 이 복은 모든 이에게 공평하게 펼쳐져 있는 가장 보편적 은혜의 복인 것이다.

부모를 잘못 만난 이도 있을 것이고 스승을 잘못 만난 이도 있을 것이다.

그러나 하나님을 제대로 만나고 그분과 올바른 관계 속에서 함께 걸어가고 있다면 그것은 세상에서 가장 행복한 동행이 되는 것이다.

지금까지 인생에서 만나게 된 사람들과의 현재 동행의 모습을 보면 인생의 좋은 동반자인지 스쳐 지나가는 관계인지가 잘 드러난다.

기쁠 때는 물론이고 힘들고 어렵고 아플 때라고 함께 할 수 있는 사람들의 동행은 이 땅에 생명으로 있는 동안에 중요한 가치로 늘 다가올 것이다.

오늘 나의 동행은 어떠한 모습으로 나아가는 길인가를 늘 기억하며 되새기며 오늘과 내일을 살아야겠다.

회갑

1960년 8월 5일(음력) 전남 강진군 작천면 삼당리 273번지에서 태어나

3살에 어머니 등에 업혀 서울로 올라와 청량리 로터리, 마포구 공덕동, 연남동, 모래내 안, 방학동, 상계4동, 길음동, 청계8가 삼일아파트에 살다가

결혼하여
은평구 진관외동, 신길동, 화곡동, 양천구 신월동, 금천구 시흥3동, 시흥4동을 거쳐
지금은 독산2동에 살고 있다.

드넓은 세상에서 거침없이 달려온 긴 세월이다.

뭔가 잡았는가 보면 손아귀를 빠져나가곤 하는 시간이었다.

수많은 사람을 만나고 헤어졌다.

저절로. 오해로. 단면적 이해로 수많은 이별을 보낸 것도 인생의 한 컷으로 아로새겨져 있다.

그렇게 좋은 관계들도 크고 작은 일들로 부서지는 파도와 같을 때도 많았다.

그러나….

그분은 언제나 한결같았다.
외로움과 고독이 밀려올 때도 힘들고 어렵고 아플 때도 여전히 손을 잡아 주었다.

초등학교 1학년 주인집 딸을 따라나선 도원동 교회로부터 지금까지 한 번도 떠나 본 적 없는 교회의 범주였다.

신앙의 사람들 또한 이런저런 이유로 많이들 헤어졌다.

교단과 학교가 갈라지면서 영문도 모르고 갈라지고 연락도 안 하는 사이가 되기도 했다.
이런저런 이유로 만나기도 헤어지기도 한다.

어느덧 60번째 생일을 맞았다.
주일날 성도님들과 함께하는 시간보다 더 큰 기쁨 시간이 또 어디에 있으랴….

보고 싶은 사람들….
만나고 싶은 사람들….
환경과 상황과 오해와 이해 부족으로 인한 헤어진
사람들이 그리운 건 회갑에 드는 마음일까?

이제 선택과 집중의 시간이 다가온 것 같다.
보다 집중해야 할 일을 더욱 바라보아야 할 일을
깊은 영성으로의 세계로 힘찬 항해를 계속해 나아
가야 할 것이다.

그분께 더욱 가까이 가까이 노 저어 가야 하겠다.

지금까지 한 번도 헤어져 주지 아니하시고 한 번도
외면해 주지 아니하시고 한 번도 내 손을 놓지 않
아 주신 그분을 향한 삶으로 충만한 드넓은 바다로
의 여행을 회갑 여행으로 떠나본다.

가장 값지고 행복한 회갑 잔치

2020년 9월의 마지막 주일
여전히 코로나 19로 어수선하고, 교회 옥상은 일부 방수한다고 꽃들도 한쪽으로 치워지고 예배 전에 어수선한 일이 벌어지고 등등으로 오전 예배에 은혜로 설교시간도 길어지고 하다가 오후 예배까지 어떻게 마쳤는지도 모르게 지나갔다.

오후 예배 후에 집사람이 보자기에 싸인 뭔가를 들고나오면서 지난주 생일축하 선물이 먼 곳(캐나다)에서 도착했다고 모두가 손뼉을 치면서 펼쳐보라는 것이었다.

뭔가 쌀로 만든 떡이나 초콜릿이 아닌가 하는 손끝 감각으로 한 묶음 두 묶음 풀어나갔을 때 웬 책이 두 권이 있었다.

아하 캐나다에서 자녀들이 책을 사서 보낸 가보다 했다.
무슨 책인가 하고 자세히 보니 제목이 "어디에나 길은 있다" 신앙 서적인 줄 알았다.

그런데 표지를 가만히 보니 나의 사진이 중앙에 자리 잡고 있었다.
그 위에는 이용곤의 60세 인생을 담은 이야기라는 부제가 적혀있었다.

다름 아닌 내가 밴드에 올린 글들을 모아 책으로 엮어 60 인생 회갑 축하 선물로 만들어서 보낸 것이었다.

와~ 감동이 밀려온 순간이다.
사랑하는 자녀들에게 해 준 것도 없어 늘 죄스러운 시간을 보내고 있는 나에게 시간과 물질, 수고를 들여 책으로 만들어 보냈다고 생각하니 눈물이 핑 돌았다.

더욱 맘에 든 제목 "어디에나 길은 있다"는 살다가 막히면 이런저런 길을 뚫어야 한다는 맘으로 쓴 글의 제목이었는데
그것을 책의 표지로 쓴 것이었다.

가장 좋은 제목을 뽑은 것 같아 너무나 흡족했다.
"어디나 길은 있다. 다만 뚫느냐 뚫지 않느냐만 있을 뿐이다." 는 큰 제목이다.

이처럼 놀라운 선물을 받고 세상에서 가장 행복한 '회갑 잔치'를 한 것 같았다.

나눔아 주강아 수고 많았다. 정말 고맙다.

모든 영광을 하나님께 돌립니다.

다시 찾은 관악산

아내가 건강검진 받고 쉬는 날이었다.
오후에 호암산에 가자고 했다.
좀 더 서두르면 관악산에 갈 수 있는 시간이라 대답하고 바로 실행에 들어갔다.
다리에 힘이 없어 주기적으로 운동을 해줘야 하는 아내와 함께 시간이 맞으면 알맞은 산에 오른다.

15분 만에 서울대 입구 주차장에 차를 대로 관악산 공원이라 쓰인 기와 대문을 지나 넓은 길을 걷기 시작했다.

관악산은 전에 집에서 출발하여 호암산에 올라 민주 동산을 거쳐 캠프장을 지나 연주암 쪽으로 방향을 잡아 오른 적이 있었다.

그때는 돌아올 때 8봉을 거쳐 삼성산 쪽으로 돌아오다 너무 늦어 어둑어둑 해가 지기도 하여 살짝 불안해하고 있을 때 호압사를 만나니 어찌 그리 반가웠는지 모른다.
거기서부터는 눈 감고도 갈 수 있다는 말도 할 수 있기 때문이었다.

그리고 몇 달 전에 다시 찾은 관악산 넓은 길을 지나다 어찌 심기를 잘 못 건드려 아내가 삐져서 돌아간 곳 또한 관악산이었다.

오늘 그 관악산을 아내와 함께 웃으며 끝까지 완주했다는 것이 성공이었다.

성공이란 무엇을 성취함과 이룸에 있지 않고 완주했음에 있음을 잘 보여주는 산행이었다.

밑에는 물이 흘렀지만, 중간에 물 흐르는 계곡에 돌덩이들만 가득하였다.

눈에 보이지 않아도 땅속으로 물은 흐르고 있다는 증거였다.

관악산 정상엔 축구공 모양으로 만들어 놓은 기상관측탑이 높이 솟아 있어서 멀리서 봐도 늘 저곳이 관악산 정상(629 m)임을 한눈에 알 수 있어서 늘 친근함과 포근함을 동시에 주고 있다.

아내는 낮은 산을 갈 때도 이것저것 챙겨 배낭을 메어 출발한다.

나는 오늘도 히말라야 준비하느냐고 말을 건넨다
500밀리 물 두 개와 바람떡. 찐 달걀. 호박고구마.
커피포트. 종이컵. 커피. 커피 젓는 나무젓가락. 물
티슈. 비옷에다 방석까지 준비해 오르는 성격이다.

점심도 먹고 커피도 마시고 물만 가지고 갈 수 있
는 데도 굳이 이것저것 챙긴다.
그래도 아내 말을 들을 때 평화와 안전이 오기에
늘 받아들이는 편이다.

정상에서 활짝 웃은 사진 한 장이 모든 수고를 한
방에 날려 보낸다.

이 땅에서의 모든 고난과 수고도
주님 품에 안겨 그 눈물을 씻어주시는 순간에 한
방에 날아갈 것이다.

지금 어떠한 오름으로 힘듦과 물의 마름같이 보이
며 함께 오르는 이 적고 가는 길이 험할지라도 그
날의 보상을 바라보며 한 걸음 한 걸음 내디뎌 앞
으로 나아가야 할 것이다.
그 길 끝에 반드시 주님 두 팔 벌려 기다리시는 모
습을 만날 것이기 때문이다.

차별이 많은 세상 공정하지 못한 세상 누가 정권을 잡아도 제대로 변하지 않는 세상, 혼탁한 교계도 나뉜 교회들도 사람들의 갈라짐도 쉽게 회복하기 어려운 길로 접어들어 가고 있다.

코로나 19가 바꿔 놓은 세상에서 그리스도인으로 살아가기가 쉽지 않은 세상이다.

소망은 그리스도 우리 주님 밖에 무엇이 있으랴?

주님만이 우리의 희망이요 방패요 산성이심을 고백하며 파란 하늘 아래 펼쳐진 세상을 향하여 남은 인생의 사역을 위해 다시 내려왔다.

목회학 박사(D. Min)과정을 지내면서

신학교를 졸업하고 강도사를 거쳐 목사가 되어 목회해 나아가는 과정에서 학위는 꼭 필요한 것은 아니다.

교수로 나갈 분이나 교육목회에 뜻을 두거나 목회자 자신이 지속해서 성장하며 목회하려 할 때 필요할 수 있을 것이다.

나의 경우는 학부와 대학원을 졸업하고 목회만 하고 있으면서 원어학으로 군소신학교에 강의해 나아갈 때 학위가 있으면 더욱 좋겠다는 생각이 있었지만, 시간과 물질이 여의치 않아 선뜻 나서지 못하고 있을 때, 큰 스승이신 박종근 목사님께서 미국의 그레이스 신학대학원을 한국에 소개하시어 대신 측 목사님들을 주축으로 군종, 통합, 합동, 백석 측 목사님들과 함께 공부할 수 있다는 신학교를 만나게 되었다.

1년에 2번 정도 1주일 집중교육과 온라인교육으로 공부할 수 있는 좋은 점과 저렴한 학비와 목사님의 신뢰 등이 합쳐져 무조건 입학하게 되었다.

2019년 3월 첫 강의를 서울모자이크교회(박종근 목사님 시무)에서 집중교육을 받으면서 미국에서 유명한 교수님이 오시고 통역을 해주시고, 행복한 강의는 시작되었다. 오랜만에 다시 학생이 되어 신학생이 된 듯한 기분으로 열심을 내게 되었다. 시간시간 다시 한번 목회에 힘을 얻게 되는 좋은 시간으로 채워졌다.

책들을 읽기 시작했고, 리포트를 내면서 많은 것을 배우게 되었고, 매 학기 소논문을 작성하면서 논지와 전개가 자리 잡혀갔다.

벌써 4학기 차가 지나가고 있다. 이제 2학기 졸업논문만 쓰면 되는 위치가 되어간다.

그레이스신학대학원은 미국의 휴스턴의 북부에 자리 잡고 있으면 역사는 그리 길지는 않지만, ATS와 TRACS에 가입된 연방정부 교육부로부터 인가받은 정규신학교라는 것이 가장 매력 있는 학교이다.

게다가 정규신학교로 인가받은 학교 중에서 선교 차원에서 가장 저렴한 학비를 낼 수 있는 조건이어서 누구나 조금만 용기를 내면 도전할 수 있는 좋은 환경이 맘에 들었다.

특히 블루진이라는 화상 서비스를 통해 선명하게 온라인으로도 공부할 수 있어서 전 세계 어디에서든지 정해진 시간에 공부할 수 있으며, 녹화된 강의도 들으며 공부할 수 있는 장점도 가지고 있다.

(미)신학교를 선택할 때 ATS에 가입된 학교인지를 ATS 홈페이지에 가서 확인해 보는 것이 무엇보다 중요하다.

특히 (미)그레이스 신학대학원 한국어 목회학 박사과정은 홈페이지와 카페, 밴드, 카톡 등을 활용한 선배. 동기들의 도움을 받으면서 탄탄하게 공부할 수 있는 환경이 마련되었다.

목회하는데 목회학박사(D. Min)를 통해 책을 읽으며, 지속해서 공부하며 나아가는 목회가 되기 위해서 너무나 좋은 계기가 된 것 같다. 부족한 저에게 이러한 기회가 주어진 것은 너무나도 다행스러운 일이었다.

신학교에 원어학 강의를 나가면서 더욱 필요했기에도 그랬고 목회현장에서도 도움을 얻을 수 있는 것이 되었기 때문이다.

(미)그레이스 신학대학원을 통해 더욱 성장하는 목회자가 되어야 하겠다고 다짐하며 오늘도
최선을 다하고 있다.

이제 논문 2학기를 남겨놓고 있는데, 논문지도 교수님을 배정받아 작성법을 체계적으로 배우고 1학기 동안 논문(Ministry Project)을 준비하고 남은 1학기 동안에 논문을 써서 통과되어 졸업하게 되어 있다.
체계적이며 신학의 토대를 다시 한번 세워주며, 바른 신학의 관점을 폭넓게 이해하게 되며,
현대신학 이슈, 영향력 있는 성경적 지도력과 성경해석학, 설교학, 기독교 변증학, 은혜 신학의 이슈, 선교학 등등 다양한 학문을 접할 수 있는 좋은 기간이었다.

그리고 학기마다 정해준 많은 책을 사서 읽고 리포트를 적어내면서 많은 도움을 얻어 행복하다.
이 그레이스 신학대학원의 목회학 박사(D. Min)과정에 한 번 도전해 보자 결코 후회함이 없을 것을 확신한다.
목회학 박사 과정
1기 원우회장 이용곤 목사 올림.

오늘 목회현장에서 만난 세 가지 일

오늘은 교회 진입성도와 태신자와 함께 점심 약속을 몇 주 전부터 잡아놓은 날이었다.

이런 날은 오전에 원문 묵상을 좀 더 빨리 끝내야 다음 일정을 맞출 수가 있기에 마음부터 분주해지기 쉽다.

오전 11시가 모두 적당하다 하여 일찍이 서둘러야만 했다.

진입성도와의 대화에서 23년 만에 남편의 허락받은 사항이 눈물겨워 함께 눈시울을 적셨다.

그 허락은 다름 아닌 고생하고 힘들어하는 아내에게 드디어 한 달에 한 번 교회에 맘 놓고 갈 수 있게 된 일이었다.

태신자분은 다른 종교에서 겨우 빠져나오게 되는 상황으로 이끌어주시는 주님의 힘을 느낄 수 있는 대목이었다.

아직은 교회로 바로 오는 것은 좀 더 시간이 걸릴 듯하였지만, 이 정도로도 큰 변화가 있었음을 느끼게 해주는 좋은 시간이 되었다.

두 번째 일은 교회에서 책을 읽고 있는데 권사님께서 밖에 하얀 나비가 찾아 왔다고 일러 주시는 것이었다.

휴대전화를 들고 옥상의 노란 꽃을 향하여 나아갔다. 하얀 나비 두 마리는 친구처럼 다정하게 날개를 비비며 노란색 바탕 위에 하얀 마음을 그리며 비행하고 있었다.

고맙게도 촬영하는 동안 휙 하고 떠나가지 않고 함께 해 주었다.
영상을 날랐는데 태신자 분은 천사 같다며 고운 맘으로 예쁘게 표현해 주셨다.

세 번째는 10년 넘게 8 구조영어로 영어 성경을 공부하여 마태복음을 끝내고 전도서를 나가고 있는 모 집사님께서 히브리어 원문을 공부하는 시간에 원전 말씀에 감동하여 눈가에 흥건한 눈물바다를 그리며 감격해 하시는 모습에 한동안 함께 감사하지 않을 수 없었다.

한글 성경으로 은혜받고 영어 성경으로 충만해짐을 느끼며 원전으로 다가오는 주님의 세미한 음성과 함께 다가오는 주님의 사랑과 그 은혜를 영으로 받아 느끼는 그 순간들의 감동이 흘러나온 것이다.

언젠가 그런 날이 올 거라면서 말씀을 나누고 있었는데 드디어 그 날이 온 것이었다.

말씀의 은혜는 한없는 그분이 부어 주시는 은혜다.

그 깊이와 넓이는 그 길에서 그분과 동행하며 그분이 들려주시는 소리와 함께 오늘도 누구에게나 열려있다.

오늘 만난 세 가지 일들을 만나게 해주신 아버지께 감사하며 하루의 페이지를 넘겨 놓는다.

내일은 또 어떤 은혜를 주실까?

언제나 일하시는 하나님

수요 저녁 예배를 마치고 아내와 함께 시흥동 법원 단지에서 사택이 있는 정훈단지로 올라가는데 인도 위에는 길게 놓인 플라스틱 둥근 관들이 수북이 쌓여 있었다.

아내가 이렇게 말했다 "이 많은 둥근 관을 오늘 저녁에 땅에다 어떻게 다 하려는 것일까?"
나는 저녁에 다 해버린다고 큰소리치다가 아내로부터 그렇게 잘 알지 못 하는 일에 확정적인 것처럼 말하지 말라는 소릴 들었다.

내가 좀 그런 경향이 있는 말투를 쓰나 보다 하고 고쳐봐야겠다는 생각이 들었다.

다음 날 아침 그 길을 지나가는 데 인도의 수많은 둥근 관들이 깨끗이 치워져 있었고 도로 위의 검은 아스팔트 위론 김이 모락모락 나고 있었다.

밤새도록 일하시는 분들의 수고로 도로는 말끔해졌고 엊저녁의 걱정은 모든 일이 처리되었음을 알리는 시야에 들어온 장면들로 다 해소되었다.

누군가의 수고로 우리가 편하게 길을 오가고 있는 것임에 다시 한번 감사하지 않을 수 없었다.

새벽에 문을 여니 문 앞에 택배로 배달된 두 개의 상자가 눈에 띄었다. 늦은 밤까지 수고의 손길이 느끼며 택배기사분들의 여건이 크게 개선되기를 기도해 본다.

저녁에 늦은 저녁 식사로 속이 더부룩할 때가 있지만 샤워하고 자고 나면 어느 정도 소화된 것을 느끼곤 한다.
잠자는 시간에도 내 몸은 여전히 일하고 있다. 그것도 부지런히 말이다.

잠을 잘 자는 것과 기분 좋게 먹는 규칙적 식사와 좋은 공기 그리고 생명수와 같은 물을 먹으며 이웃을 섬기며 하나님께 순종하며 예배드리며 주어진 자리와 여건에서 최선을 다하며 살아간다면 이보다 더 좋은 삶이 또 어디 있겠는가?

우리가 잠들어 있을 때도 졸지도 주무시지도 아니하시며 우리를 보호해주시고 새날을 허락하셔서 주신 이날도 주님 주시는 힘으로 승리하며 살아가야 하겠다.

시편 121:3
여호와께서 너의 발을 미끄러지지 않게 하시며, 너를 지키시는 분은 졸지도 아니하실 것이다.

(영어KJV) 시편 121:3
He will not suffer thy foot to be moved: he that keepeth thee will not slumber.

받아들임의 삶

건물의 수도세를 두 달에 한 번씩 정산하여 각각 나누어 내는 일을 병원에서 맡아서 하다가 이사하는 바람에 엉겁결에 내가 맡아 해 온 지가 벌써 6년째가 되었다.

각각의 처지가 다르니 돈을 내라고 하는 처지에서 만나다 보니 서로의 견해 차이로 어려움을 겪기도 한다.

일상을 살다 보면 다양한 사람들과 만나며 사는 게 인생이기에 늘 좋은 사람들만 만나고 살 순 없을 것이다.

때론 원치 않는 만남을 가져야만 하는 즉 부딪히면서 살 수밖에 없는 환경도 있다는 것이다.
그때마다 거북해하고 힘들어 할 것이 아니라 피할 수 없는 길에 있는 사람으로 생각하고 받아들이며 살면 될 것이다.

모든 일에 순응하며 힘들어지는 상황도 모두 받아들이며 살아가면 될 일이다.

살다 보니 눈이 갑자기 안 좋아져서 돋보기를 찾기도 한다. 더 안 보이기 전에 말씀 많이 읽어야 하겠다.

빨리 못 알아본다고 아내와 아이들이 다그친다. 이비인후과에 가서 귀를 파라 한다. 젖은 귀라나 뭐라나 한다. 더 안 들리기 전에 말씀 많이 들어야 하겠다.

치과에 갔더니 사랑니 빼라 하고 이것저것 흔들리고 잇몸이 몹시 나쁘다 한다. 나는 자연치유를 가장 좋아하며 있는 것은 다 이유가 있어 있는 것으로 여겨 있는 모습 그대로 받아들이며 사는 게 좋은 데 세상은 그렇지 않다. 과학기술과 의술과 인술 그리고 상술도 함께 다가온다.
더 나빠지기 전에 관리 잘 해야겠다.

건강검진 받으면 이것저것 고치고 운동하고 절제하라 한다. 이것저것 고칠 게 많아지는 세대에 들어선 느낌이다.

폐암으로 치료받으시면서도 일상을 거뜬히 살아내시는 스승님을 바라보면서 큰 힘을 얻는다.

떼 낼 수 없고 완전 치유 완전 해결이 어렵다면 함께 사는 친구로 여기로 살아야 한다는 말씀이 마음에 닿는다.

더 나빠지는 상황들을 최선을 다해 관리하며 조절하며 모든 것을 받아들이며 살아야 하겠다.
넘치는 분량의 생각도 말고 순종하며 그분 안에 살아야겠다.

부유함에도 가난함에도 순응하며 그분 안에 살아야겠다.

모든 사람과의 관계 속에서 상대방의 있는 모습 그대로 인정하고 그분 안에서 더불어 살아야겠다.

모든 환경 속에서 그분의 베푸신 은혜를 기억하며 고난이 유익이 되고 그로 인하여 배워지고 깨우쳐진 것으로 살아야 하겠다.

(바른성경) 로마서 12:3
내게 주신 은혜로 말미암아 너희 각 사람에게 말하니, 마땅히 생각할 그 이상의 생각을 품지 말고, 오직 하나님께서 각 사람에게 나누어 주신 믿음의 분량대로 건전한 생각을 하여라.

(영어KJV) 로마서 12:3

For I say, through the grace given unto me, to every man that is among you, not to think [of himself] more highly than he ought to think; but to think soberly, according as God hath dealt to every man the measure of faith.

(중국어和合本번체) 로마서 12:3

我憑著所賜我的恩對你們各人說：不要看自己過於所當看的，要照著神所分給各人信心的大小，看得合乎中道。

어느 목회자의 행복한 토요일

토요일 저녁 10시에 주님 다시 오실 때까지가 크게 울려 퍼지고 있는 교회 본당 바닥을 마포 걸레로 걸레질을 하면서 행복한 생각이 든다.

낮에 권사님께서 청소 다 해 놓으시고 토요일 저녁 식사까지 맛있게 준비해주셔서 함께 나눌 수 있어서 행복하다.

동역 목사님께서 피곤한 몸을 이끌고도 PPT와 주보를 만들어 주시고 나는 주보를 프린터로 뽑고 한 장 한 장 접을 수 있어서 행복하고, 화초에 물을 주며 넘쳐 흐르는 물을 닦을 수 있어서 행복하다.

청소를 마치고 내일 주일날 한 사람 한 사람이 주님을 향하여 여러 가지 어려운 환경을 뚫고 예배의 자리로 나아올 성도님들을 한 사람 한 사람 떠올려 본다.

특별히 주일 오전 예배를 드릴 수 있도록 남편에게 허락을 받아야 하는 성도를 위해 기도하지 않을 수 없다.

여전히 주님 다시 오실 때까지가 이어지는 가운데 장의자에 앉아서 내일 주일을 위한 기도를 한다.

나무 강대상 앞에 앉아서 기도할 수 있고 말씀을 묵상하며, 말씀을 받을 수 있는 자리가 있어서 행복하다.

이 자리를 통해 모든 것이 출발한다. 그래서 목회자는 오늘도 행복한 것이다.

아내가 말일이라 늦게 와서 시장을 보고 내일 점심을 준비한다.

주님 앞에 나아갈 때의 찬양이 울려 퍼지는 소리에 맞춰 주방을 청소까지 다하고 나니 10시 40분이 되었다.

그래도 우리는 행복한 부부이다. 아무것도 가진 게 없지만 목회할 수 있어서 행복하다.

성도님들이 설교를 들어줘서 행복하다. 함께 찬양할 수 있고, 함께 기도할 수 있어서 행복하다.

오늘도 주일인 내일 준비를 깜깜한 밤을 가벼운 마음으로 아내는 대파 담긴 검은 비닐을 손에 들고 나는 현대시장에서 아시는 분이 챙겨주신 배춧잎을 한 바구니 짊어지고 사택으로 행하는 발걸음이 있어서 행복하다.

건강검진 받던 날 풍경

홀수 해의 건강검진을 바쁘다는 핑계로 지나갔다. 실은 내시경의 고통도 참기 어려웠고, 자연치유 쪽에 약간 치우쳐있는 마음이 빚어낸 일이었다.

올해는 아내가 휴가까지 내서 예약까지 해 놓아서 가지 않을 수 없었다.

보라매 지하의 검진센터는 비좁고 여기 왔다 저기 갔다 하는 혼잡함의 검진에다 내시경의 꿱꿱거려야 하는 생각만 해도 끔찍했다.

이번에는 편안하게 잘 해준다는 시흥 사거리의 밝은 내과로 가게 되었다.
친절한 직원들의 안내와 의사분의 꼼꼼한 체크와 함께 검진은 시작되었다.

시력은 양쪽이 1.0으로 나왔고 청력도 통과되었는데, 혈압을 점검하니 150이나 나왔고 끝나고 다시 재니 140 오후에 다시 재니 135가 나왔다. 아무튼, 혈압은 높아지지 않도록 살을 빼고 운동하고 식사 조절 잘하라고 했다.

5만5천을 주고 수면 내시경으로 하는데, 수면 주사로 전혀 모르게 마칠 수가 있었고, 깨는 주사도 맡고 잠시 누워있다가 일어날 수가 있었다.

모든 검사를 마치고 나오는데, 사랑하는 아내가 대기실 의자에 앉아 나를 불렀다.

휴가를 내어 여기까지 온 것이었다.
검사 후 첫 끼니는 죽을 먹으라 해서 그 유명한 본죽을 먹어보았다.

피부과에도 들렀는데 사람이 많아서 내과로 가서 약만을 받아먹기로 했다.

내친김에 이비인후과에도 들려 젖은 귀니, 귀가 막혔다느니 말하는데 의사분은 귀도 그대로 내버려두고 오히려 파지 말라고 하였다.
내가 듣고 싶었던 답이 들려온 것이다.

사실 우리 몸은 건드릴수록 힘들게 되어있음을 일찍이 깨달은 나는 될 수 있으면 모든 것을 자연스레 놔두는 것이 무엇보다 중요한 것으로 알고 있다.

눈이 가까운 곳이 안 보이고 멀리 보이면 좀 더 넓고 멀리 바라보고 살아가면 된다.

몇 개의 이가 흔들리고, 잇몸이 약해도 자연치아보다 좋은 것은 없다.
최대한 아끼며 관리해야 할 것이다.

귀나 배꼽이나 있는 그대로 놔두는 것이 무엇보다 중요하다.
가려움도 피부 등도 웬만한 것은 가만 내버려 두면 치유되는 일들이 많다.

무엇보다도, 살아계신 하나님께 맡기며, 주어진 일에 최선을 다하며, 건강관리도 좀 더 체계적으로 해야 할 것이다.

다음 검진 땐 자신 있게 검사받을 수 있도록 몸과 마음을 잘 다스려야 하겠다.

모두 건강관리 잘하세요. 건강해야 목회도 할 수 있고 설교도 전도도 할 수 있으니 말이다.

최선을 다해서 영. 육 간에 강건함을 위해 힘쓰며
주님 주시는 지혜와 명철로 오늘과 내일을 살아야
겠다.

볼락과 청국장

다양한 이름을 가진 볼락(적어. 긴따루. 열기)이라는 생선이 있다.

지난번 러시아권 신학생들을 가르치러 갔을 때 식당에서 자주 먹어본 열기 튀김이 맛좋은 기억으로 자리 잡고 있기에 언젠가 한 번 해 먹어 봐야겠다고 생각하고 있었다.

그 옛날 야전상의 양쪽 주머니에 사병식당에서 얻은 고등어 튀긴 것을 넣고 다니면서 맛나게 먹던 기억까지 더하게 되는 생선튀김이었다

집에서 생선튀김을 하기엔 온방에 냄새로 가득하여 엄두가 안 나 생각하지도 않고 있었는데
현대시장 김밥천국 맞은편의 생선가게에서 통째로 튀겨 놓은 볼락이 눈에 벌겋게 들어왔다.

통째로 다 튀겨 놓은 것을 파니 사다가 데워 먹기만 하면 된다는 생각에 1,000원 할인된 7,000원에 두 마리가 빨갛게 튀겨진 볼락을 검은 봉지에 담아 교회로 와서 저녁에 먹기로 했다.

퇴근하시고 수요예배 오신 권사님께서 사모님도 같이 드시면 좋겠다고 시장 봐 오셔서 청국장을 끓이시는데 냄새도 거의 없이 커다란 무를 썰어 넣고 표고버섯과 두부와 파를 넣으시면서 팔팔 끓이니 멋지고 구수한 청국장이 되어 삼일예배 후에 모두가 맛난 저녁을 먹을 수 있었다.

생선튀김과 청국장은 가득하게 배인 냄새로 해 먹기 힘든 음식인데 그 두 가지를 한 방에 해결한 저녁이었다.
세상에 쉬운 요리는 없다. 누군가의 수고로 밥상에 오르는 것이다.

우리들의 쓰임도 그러한 것 같다.
어떤 모양으로 쓰이는지는 너무나도 다양하다. 그러나 모두가 귀한 쓰임이다.
어느 것은 귀하고 천한 것이 따로 없다. 그 자리에서 그 모습으로 쓰임 받음만 있을 뿐이다.

우주 천체가 그 자리에서 그 모습으로 운하를 이루며 창조하시고 운행하시는 그분의 설계대로 각각의 역할을 감당하고 있듯이 우리네 삶의 자리가 그러하다.

볼락과 청국장처럼 구수하고 맛난 모습으로 쓰임 받듯 우리도 인생의 다양함 속에서 만드시고 운행하시는 그분의 섭리에 따라
멋진 모습으로 그 자리 그 모습으로 쓰임 받는 복된 삶이 되었으면 좋겠다.

Part 4

코로나 19 아침 묵상

겨울과 훈련

돋보기안경을 귀에 걸친 채 세상으로 나왔다

이젠 어질어질하지도 않고 뭔가 이상하다 싶을 정도로 지나가려는데 아차 싶어 손을 올려보니 목양실의 모습 그대로였다.

세상을 무슨 안경을 쓰고 바라보느냐에 따라 다 다르게 보이기 마련이다.

크게 보고 작게 보고 만만히 보고 큰 벽으로 보고 미로로 보고하는 것이 이미 내가 가진 마음의 안경이 결정해 놓고 세상을 보고 있는 것이 아닌가?

교회와 가정과 마을과 신학교 정도가 움직여 나아가는 주 공간이다.

이 공간 속에서 무엇을 바라보는가? 무엇을 하려는가? 무엇이 이루어지려는 가를 끊임없이 물으며 살아간다.

우리는 지금 무슨 안경을 쓰고 있으며 무엇을 바라보고 있으며 무엇을 생각하며 살고 있는가?

여름성경학교 코팅사진 1장

논문집을 뒤적이다가 한 논문의 책장 사이에서 신월동 늘사랑교회의 2001년도 여름성경학교 사진이 꽂혀 있다가 주인을 만난 듯 반가이 맞아주었다.

지금도 그때 교사들과 어린이 한명 한명이 새록새록 하다.
초롱초롱한 눈망울로 말씀을 배우며 율동으로 찬양하며 놀이터와 온 동네를 뒤집고 뛰어다니던 그 날들이 어제와 같이 스쳐 지나간다.

캐나다로 호주로 세계 곳곳에 흩어져 결혼도 하고 가정을 이루어 살아가는 다양한 소식들을 접하기도 한 사진 속 얼굴들….

여름성경학교의 우렁찬 찬송 소리와 힘차고 우아한 율동의 움직임들과 집사님들의 헌신하시는 모습들이 한 폭의 수채화로 다가와 마음을 꽉 채운다.

그해의 주제가 하나님이 쓰시는 사람이었네….
믿음의 사람. 기도의 사람. 깨끗한 사람. 준비된 사람이란 부제도 보인다.

코팅된 앞면이 반짝이며 뒷면에 개인 사진이나 직접 그린 그림을 넣어 코팅해서 한 장씩 받았으니 지금쯤 어느 책장 어느 책 갈피 속에서 발견되어 오늘의 나처럼 웃음 지어보며 자신의 삶을 다시 한 번 되돌아보는 시간이 되지 않을까 생각해 본다.

형광등에 비친 코팅된 글과 사진을 들어 보면서….

지금의 나는 어떤 모습으로 살고 있으며 사진 속의 집사님. 교사들. 어린이들은 어떻게 살고 있을까? 생각해 본다.

취약한 곳을 집중하여 계발하라

어렸을 때 허약한 몸을 이겨보려는 애씀의 노력으로 훌륭한 운동선수가 된 사람들이 많다.

각자의 부족하고 연약함을 채우기 위해 노력한 것이 훗날 그 일을 더 잘하게 되는 계기가 되는 일이 많다.

목회자 책 읽기 모임에 신학은 물론 인문학책도 한 번씩 읽게 되는데 인문학 쪽이 신학보다는 어려움이 더 많다.
역시 인문학적 소양이 부족한 것이리라!

목회자로서 인문학적 소양이 부족함을 많이 느끼며 목회자 책 읽기 모임에 열심히 참석하여 많이 익히고 배워야 하겠다.

특히 고전이나 문학 전집으로 나아가 문학상 받은 작품 등은 시간 날 때마다 읽어야 할 것이다.

대신 목회자들이 소망이 있는 것은 이러한 일에 발 벗고 나서서 시간과 물질과 재능을 기부하며 함께 하려는 동역자의 마음으로 섬겨주시는 분들(동산교회)의 수고가 있다는 것이다.

대신 교단이 든든히 서가며 힘을 얻으며 각자의 위치에서 최선을 다해 주님 주시는 힘으로 건강하게 목회할 때 우리의 위상은 더욱 높아갈 것이다.

스승 목사님께서 평소 하시던 말씀인 목회자의 손에는 항상 책이 들려져 있어야 한다는 지론이 너무나도 귀하게 새겨짐을 느낀다.

성경의 어려운 부분을 더욱 많이 묵상하고 들어가듯이 인문학도 잘 이해되지 않아도 꾸준하게 읽어나가게 되면 언젠가 자리가 잡힐 것이다.

자신의 연약한 부분을 깨닫고 취약한 곳을 집중적으로 공략하여 영. 육 간에 건강하고도 행복한 목회가 되었으면 좋겠다.

오늘 나의 취약한 곳은 어딘가?
오늘 나는 그 취약함을 어떻게 맞이하며 어떻게 대하고 있는가?

철원 금학산의 날개를 보다

2020년 12월의 첫날에 철원에 있는 금학산을 향하여 어둑어둑한 기운을 뚫고 출발하였다.

한강에 유유히 흐르는 강물 위를 원효대교를 통해 가르며 나아갈 때 밝고도 붉은 햇살이 이 땅의 모든 어스름한 기운을 떨치기라도 하듯 힘차게 떠올라 있었다.

철원에 동송초등학교 건물에 김구와 안창호 선생의 정신을 기린 그림과 교사 사이에 있는 한쪽의 운동장에서는 초등학생들의 역동적인 움직임들이 가는 길을 사로잡았다.

철원여고를 끼로 들어서는 길목에 금학산 등산로 입구가 우리를 반겨주었다.

금색을 띤 학이 누워있는 모습이라 금학산이라 하였다.
강원도 산이라고 말하는 듯 처음부터 끝까지 치고 올라가는 산이었다.

매바위의 매서운 눈초리가 철원을 들어오는 입구를 바라보며 지키고 있다가 지나는 길손에게 잠시 쉬었다 가라고 말을 거는 듯하였다.

드디어 매서운 찬바람이 부는 사이로 따스한 햇볕이 우릴 감싸듯 보듬어 주는 듯한 정상에 올랐다.

어느 화가가 이 하늘과 능선들이 어우러져 있는 사이의 선들과 색들을 표현할 수 있으리오?

그분의 오묘하신 솜씨로 빚어 놓으신 능선 골짜기들이 한없이 펼쳐진 가운데에 철원의 한 마을 전체와 넓은 철원평야 일부가 포근히 안겨 있었다.

정상에서의 컵라면과 아내가 싸준 찰밥과 전투식량격인 쇠고기덮밥을 물만 부어 10분 만에 펄펄 끓어 만들어진 따뜻한 밥과 사모님들이 싸주신 반찬과 과일 과자 등을 한 상 차려 놓으니 정상의 칼바람도 그 사랑 앞에 기세가 꺾여 밝은 미소의 햇살에 그 자리를 넘겨주고 어디론가 가버렸다.

까마귀의 깍 소리가 우리가 정상에 있음을 알리는 듯한 소리를 연신 뿜어내고 있었다.

금학산에서 내려와 철원군 노동당사를 가슴에 새기고 철책이 있는 분단의 현장인 월정리 역과 전망대를 둘러보며 기독교 신앙을 지켜낸 믿음의 사람들을 들여다볼 좋은 기회였다.

철원감리교회. 철원소망교회 등을 지나자 거리는 벌써 어두워졌다.

고석정 앞의 한 식당에서 저녁까지 먹고 대한수도원가는 길을 지나고 승일교를 거쳐 어둠을 뚫고 믿음을 지켜낸 철원의 신앙을 오늘에 새기며 우리도 깜깜한 밤을 그분이 주시는 생명의 빛을 받으면서 힘차게 달려갈 것을 다짐하며 돌아왔다.

금학산을 오르고 노동당사, 민통선 마을, 전망대, 고석정 등을 둘러보는 강원도 철원여행의 모든 일정은 목회자 책 읽기 모임을 통해 이뤄졌다.

무엇에 익숙해져 살고 있는가?

강남으로 향하는 서울의 지하철 2호선을 탔다.

차가운 날씨로 대부분의 사람이 두툼한 외투를 걸치고 서거나 앉아 있었다.

많은 사람이 스마트폰으로 무언가를 열심히 들여다보거나 손가락으로 터치하거나 엄지로 뭔가를 열심히 처넣고 있었다.

신문이나 책을 보는 사람은 거의 찾아보기 힘들었다. 휴대전화와 함께 하지 않는 사람들은 대부분 눈을 감고 있거나 깊은 명상에 잠긴듯한 모습으로 무언가를 바라보고 있었다.

얼마 지나지 않아 자리가 하나 나왔다. 양옆으로 두껍고 길게 늘어뜨린 옷을 입은 사람들이
버티고 앉아 있는 사이에 난 자리였다.

망설이다가 다가가서 엉덩이를 조금 밀어 넣고 앉고는 허리를 숙이고 휴대전화를 꺼내 SNS를 하기 시작했다.

옆 좌석 사람의 긴 옷이 내 한쪽 엉덩이에 물렸는
지 끄집어내는 행동을 취했다.

그리고 얼마 지나자 신기하게도 허리도 펼 수 있었
고 자리도 제자리를 찾아 안정된 자세로 깊숙이 앉
을 수 있게 되었다.

똑같은 자리인데 정말 신기했다.
양옆에서 처음엔 그대로 버티고 있었는데 조금씩
반대 방향으로 밀려나면서 내 몸이 그 사이로 들어
가게 된 것이었다.

똑같은 자리인데 이제 잘 적응하여 지내나 싶더니
안내판에서 다음 역이 강남역이라고 알려주었다.
모두를 뒤로하고 내려야만 했다.

처음의 서먹함도 허리를 굽혀 열심히 일함도 성취
도 안정감을 찾아 살만함도 이웃과 편안하게 지낼
수 있게 된 환경도 불편한 관계 좋은 관계 익숙해
진 환경 모두를 내려놓고 목적지를 향해 떠날 수밖
에 없었다.

짧은 시간과 공간의 여행 같은 우리네 삶의 모습들…….

그분께서 허락하신 시간과 공간들의 익숙해짐 속에서 살다가 그분의 부르심의 본향 역에 도착게 하심을 다시 한번 깨닫게 되는 시간이었다.

오늘 우리는 어디쯤 가고 있으며 몇 정거장 남은 시간과 공간 속에서 무엇에 익숙해져 사는 것일까?

세상에 위대한 사람이 많다

그중에 시장에서 무거운 것을 사서 들고 오는 사람들의 모습은 정말로 위대해 보인다.

특히 커다란 수박을 가느다란 비닐 끈에 쓸리는 손으로 들고 가는 사람들…….

하나라도 더 좋은 것을 고르려는 그 선한 눈빛으로 물건을 살피는 사람들….

움직이는 생물도 물릴 줄도 모르는 게도 서슴없이 잡아 올리기도 한다.

모두가 식구들이나 다른 사람들과 함께 나누려는 식탁을 생각하며 수고를 아끼지 아니하는 선한 마음들의 움직임일 것이다.

동치미를 담그려고 커다란 봉지 두 묶음을 양손에 들고 3층까지 올려 다 놓으신 수고로 차가운 겨울에 시원한 동치미를 오랫동안 나눌 수 있게 하려는 넉넉한 마음의 표현이리라.

우리네 인생에서 누군가를 먹이고 입히고 재우고 살리기 위해 도움을 주는 인생이 가장 위대한 인생이 아닐까 싶다.

작은 일 평범한 일 당연한 일 같지만,
그 자그마한 일을 해 나아가는 마음의 행위야말로 위대한 삶이다.

시원하게 만들어질 동치미를 생각하니 벌써 입맛이 도는 듯하다.

하얀 눈이 내리는 날, 시원한 동치미로 속을 달래는 그 날이 곧 올 것을 그려보며 환한 미소를 지어 본다.

만원의 행복

당근마켓에서 둥그런 탁자를 1만 원에 나왔다는 말을 듣고 한걸음에 달려가 싣고 왔다.

그 옆에는 겨울에도 잘 살아 있으라고 파주와 옥상을 거쳐 이사 온 나무가 세워졌고 진한 향기 뿜어내는 미끈미끈한 모과와 언제라도 차를 우려내며 서서히 내려 마실 수 있는 고동색 찻잔과 메모지와 펜이 꽂혀 있는 하얀 통이 둥지를 틀고 앉았다.

나무 그늘에 대화하며 식사를 함께할 수 있는 최상의 자리가 마련된 것이다.

지상 최고의 행복한 곳은 마음에 있었다.

그 마음이 어떻게 느끼느냐에 따라 천국도 지옥도 될 수 있다.

작은 나무 강대상 안쪽으로 커다란 방석이 하나 놓여 있다.
아주 비싼 건 아닌데 최고급 자리이다.

기도의 자리, 말씀을 받는 자리, 늘 뭔가가 떠오르는 놀라운 자리이다.

지금 내가 있는 자리가 가장 행복한 일상의 자리인 것이다.

행복한 마음의 창을 열면 한없이 펼쳐진 수평선과 맞닿은 파란 하늘을 만날 수 있다.

지금 있는 자리에서 최고의 행복을 누리며 전하지 않으면 견딜 수 없는 놀라운 마음으로 오늘과 내일을 살아야겠다.

인생은 일상이다

커피믹스를 하나 꺼내어 뜨거운 물을 조금 붓고 젓
가락 두꺼운 쪽으로 오른쪽으로 여러 번 정갈하게
젓고 나서 편안하게 마시는 이 맛은 요즘 다양하고
도 값비싼 커피들로는 도저히 채워지지 않는 그 무
언가가 있는 듯하다.

몸살기가 있어 몸을 아스러질 때가 한 번씩 있다.
너무 무리하게 일을 진행하다 보면 몸과 마음이 쉴
시간이 없다가 긴장이 풀릴 때가 있는데 그럴 때
한 번씩 그러는 거 같다.

이때 방법은 뜨거운 방에 누워 땀을 쭉 빼고 자고
나면 된다.

어제가 바로 그런 날이 아니었나 싶다. 살다 보면
온몸이 쑤시는 몸살기도 살 떨리는 날도 숨 막히는
일도 만날 수 있다.
오늘 아침 인생을 한문으로 날 생자가 소가 외나무
다리를 만난 듯한 게 인생이고 사람이 서로 의지하
며 나아감이라고 풀어놓은 것을 보면서 참 멋진 해
석으로 볼 수 있다.

이것을 믿음 안에서는 우리 각자가 다 하나님의 심판대 앞에 서게 될 때까지 외롭고 가느다란 한 길을 가야 하는 것이 인생으로 말할 수 있을 것이다.

그 날에 어떠한 모습으로 서게 되느냐를 결정할 오늘을 살아야 할 날이 바로 오늘이라는 하나님의 선물인 것이다.

각자에게 주어진 가장 아름답고 멋진 날을 보낼 수 있으면 좋겠다.

커피믹스의 향을 누리며 소박한 일상을 살며 잔잔히 복음을 증거하며 살아가는 행복한 삶이 되었으면 좋겠다.

일상이 인생이고 인생이 일상이다.

분홍색 칸막이

간밤에 색채 꿈을 꾸었다.
분홍색 칸막이를 사이에 두고 남한사람과 북한 사람으로 나누어져 있고 중간에 공동시장으로 누구나 이용할 수 있는 공간이 있는 듯하였다.

남한사람은 상점을 자유롭게 이용하는 듯한 데 북한 사람은 꿈쩍 않고 그 자리에 앉아 있는 듯한 모습이었다.

분홍색은 남쪽 편에서 보면 유혹의 색으로 보였다.
언제든지 실수하면 빠져들어 갈 수 있는 색으로 비쳤고
북쪽 편에서 보면 매력과 도전의 색으로 보였다.
언제든지 맘과 몸을 고쳐먹고 바르게 살아 향기 나는 삶으로의 변화를 꾀할 수 있는 통로로 보였다.

똑같은 분홍색 칸막이인데 어디에 있으며 어디서 바라보느냐에 따라 그 모습이 전혀 다른 모습으로 다가옴을 알 수 있었다.
그렇다. 깨어난 현실의 세계에서도 분홍빛 유혹이 얼마나 많은 세상인가?

TV나 유튜브나 인터넷이나 휴대전화 등에서 많은 시간의 분홍빛 유혹이 참으로 많이들 달려온다.

매혹스러운 전파들이 인생의 값진 시간을 잡아먹고 있다.

주님과의 긴밀한 시간보다는 쓸데없이 흘러가도록 내버려 두는 시간이 왜 이리도 많은지 모른다.

말씀과 깊은 그분과의 사귐의 시간보다는 폭넓게 펼쳐진 일들을 소화하다 보면서 정작 중요한 가치들을 놓치고 후회하는 되풀이 되는 삶을 많이도 보내고 있다.

지금 어떤 어려운 상황에 놓였다 할지라도 우리에게 누구나 손 내밀면 분홍색 희망의 칸이 열리며 언제라도 받아 줄 것이다.

나의 형편과 처지와 상황을 뛰어넘어 나를 붙들어 주시는 분홍빛 희망의 사다리를 붙잡을 수 있는 자그마한 마음의 여유만 있으면 말이다.

자!!
이제 분홍빛 유혹을 물리치며 그분과의 친밀하고도 세미한 음성과 함께 거하는 삶을 살아야겠다.

자!!
이제 모든 어두움과 칙칙함과 우울, 조울의 죄어옴의 상황 속에서라도 분홍빛 엷은 칸막이를 열어젖히고 밝고 환하고 거룩한 삶으로의 방향으로 확틀어(슈브)보자.

그 환한 곳 분홍빛 따스함 넘치며 포근하신 그분 품으로……

찬양반주기

딸 나눔이가 피아노를 치기 시작한 것은 초등학교 1학년부터이다.

신월동 늘사랑교회 바로 옆에 나래 피아노교습소 선생님께서 무료로 오랫동안 가르쳐 주셨다.
지금도 그 은혜를 잊을 수가 없다.

아들 주강이도 초등학교 때부터 피아노를 배웠는데 아들은 저렴하게 받고 가르쳐 주셨다.
피아노는 정말 어렸을 때 배워야 한다. 어른이 되어 해보려면 너무나 어렵기 때문이다.

교회반주를 곧잘 하던 딸은 캐나다에서 워킹홀리데이 갔다가 공부도 더하고 캐나다 사람을 만나서 올해 7월에 온라인으로 결혼식을 하고 신혼을 보내고 있다.

교회에서 누나 뒤를 이어 반주하던 아들도 올해 캐나다로 워킹홀리데이 하러 떠났는데 코로나로 인하여 쉽게 돌아올 수 없게 되었다.

그곳에서 더 공부하고 돌아오고 싶어 하여 돌아오는 날이 언제일지도 모르게 되었다.

휴대전화에 찬양 반주 앱을 구매하여 사용하다 휴대전화로 실시간 예배 방송을 송출하다 보니 일반 앱으로 반주를 하니 영 아니었다.
글씨도 작아서 곡 찾기도 어려웠고 예배 인도하면서 쓰기에 어려움이 많았다.

할 수 없이 반주기를 사기로 하면서 이번 기회에 휴대전화로 촬영하는 불편함을 덜기 위해 캠코더도 장만하기로 하였다.

성도님들의 정성 어린 헌금이 모여지기 시작했고 외부에는 한마디 말도 꺼내지 않았는데 모 집사님, 모 권사님. 모 권사님. 세종 선생님으로 이어지는 갑작스러운 정성에 주님의 도우심을 고백하지 않을 수 없다.

반주기를 사려 보니 미가엘과 셀라가 떡 하니 버티고 있었다.
처음엔 셀라찬양반주기가 눈에 들어왔다. 가격은 비싸지만, 찬양도 불러주는 기능과 노래반주기 형식의 사양에 웅장한 규모의 반주기였다.

미가엘은 예전에 써본 경험도 있어서 익숙한 점이 이점이었다.
찬송가 밴드반주와 오케스트라까지 미가엘도 기능이 많이 좋아졌다.

8여 년 전에 앰프에 도움을 주신 양 목사님이 미가엘찬양반주기 전문가였음이 생각났다.

바로 전화했더니 지금도 어려운 교회에 직접 찾아가서 반주기 세팅도 해주고 음향도 영상도 도움을 주시고 계셨다.

이제 백발이 성성한데도 공구를 챙겨서 경차를 손수 운전하여 전국으로 다니시고 계셨다.

양 목사님을 통해 미가엘을 사니 가격도 할인되고 직접 설치해주시고 사용설명도 듣고 좋아하시는 찬양도 함께 불러보니 최고의 만남이 아니겠는가!

스피커 한쪽이 안 들리는 것도 찾아서 연결해주고 영상도 이것저것 살펴보시더니 결국 나오게 만들어주셨다.

설치후 찬양 3곡을 연속으로 불렀다.

주님 다시 오실 때까지, 사모곡, 영광의 나라
이렇게 3곡이었다

미가엘찬양반주기는 양 목사님을 통하고 캠코더는
전공인 아들이 알아보고 있고 신디 중고는 음향·
악기 전문가이신 김성식 목사님께서 알아봐 주고
계신다.

귀하신 섬기심의 모습들이 아름답다.

그 멋진 섬김이 늘 건강하셔서 오랫동안 이어지시
길 기도합니다.

한 해의 마지막 날에

오늘은 2020년도 마지막 날이다.
이런 날이 되면 뭔가 맺혔던 것이나 커다란 숙제는
해결하고 새해를 맞이하고픈 마음이다.

특히 올해는 코로나 19로 인한 시달림 속에서 많은
시간이 흘러갔기에 많은 사람이 새해에는 코로나
19의 종식을 무엇보다도 간절히 바랄 것이다.

인생에 있어서 죽음보다 더 두려운 것이 어디 또
있겠는가?

그런데 그 죽음과 같은 벌을 그분이 사람들에게 내
리신 것을 볼 수 있는 데 그것은 다름 아닌 각자에
게 주어진 인생의 날들을 헛되이 보내며 두려움으
로 보내게 하신 것이다(시편 78:33).

살아 있으면서 날들과 시간을 헛되이 보내며 두려
움으로 보낸다면 이 보다 더 큰 벌이 또 어디 있겠
는가?

이스라엘 백성들이 광야에서 지낼 때 매일 만나만
먹고 살게 되자 이 만나 외에는 없는가 하면서 불
평과 원망할 때에 그분의 징계가 바로 그들의 날들
을 헛되이 보내게 하며 두려움으로 보내게 하신 것
이었다.

코로나로 많은 시간이 주어졌지만, 오히려 불평하
고 원망하고 한숨으로 헛되이 시간을 보내지는 않
았는지. 트로트나 유튜브를 통한 시간 죽이기에 얼
마나 많은 시간이 흘러갔는가?

우리를 위로한답시고 콕 방에 앉혀놓고 영상이나
영화 TV에서 흘러나오는 바보상자의 놀이에 얼마
나 많이 빠졌던가?

 뉴스에 촉각을 곤두세우며 많은 시간을 두려움으
로 흘러가지는 않았는가?

이스라엘 사람들이 먹은 만나는 하늘 양식의 신령
한 음식이었으며 권세 있는 자의 베풀어 주시는 능
력의 양식이요, 풍족하게 내려주시는 넉넉한 은혜
의 양식이었다.
그런데도 이 만나외에는 보이는 것이 없다고 불평
과 원망을 쏟아낸 것이다.

이들에 대해 준비된 벌이 바로 그들의 날들을 헛되이 보내며 두려움으로 보내게 되는 것이었다.

코로나로 인한 원망이나 불평보다 주어진 시간에 감사하며 말씀에 더 가까이 가서 그분의 세미한 음성을 들으며 그분과의 친밀함 속에 온전한 동행이 이뤄지는 놀라운 날들로 채워져 두려움이 아닌 기쁨과 평안으로 인생의 주어진 날들을 맞이한다면 이보다 더한 상이 또 어디 있겠는 거?

새해에는 헛되이 보내는 날이 없었으면 좋겠다. 두려움으로 보내는 날이 없었으면 좋겠다.

그러려면 탐욕을 버리고 주어진 것으로 만족하고 살아야 할 것이며 불평과 원망과 한숨을 내어버리고 감사와 기쁨과 미소로 살아가야 할 것이며 의심을 버리고 참믿음으로 그분 안에서 그분이 주시는 참된 평안으로 살아야 할 것이다.

제비뽑기 같은 이상한 말씀을 붙잡고 살지 말고 살아계신 하나님, 역사하시는 하나님의 생명 말씀을 붙잡고 힘찬 새해를 맞이하고 주님 주시는 힘만큼 열심히 살아보자.

그분이 예비하신 상급을 바라보며 그분의 생명책 심판을 기대하며 살아가는 멋진 삶을 살아가 보자!!!

제비 뽑힌 말씀들

어렸을 때 시장에서 한 노인이 펼쳐놓은 좌판에선 참새 한 마리가 소리를 지르며 사람들을 불러 모으곤 했다.

자그마한 네모 상자엔 곱게 접어 넣은 많은 종이가 빼곡히 채워져 있었고 참새가 그중에 하나를 물고 와서는 부리를 벌려 내려놓는 것으로 장사를 하는 것이었다.

운세를 보고 싶은 사람들이 돈을 내고 참새가 물어다 준 종이를 받아 펼쳐보면서 신기하다는 듯 돌아서는 사람들을 많이 있었다.

거기엔 대부분 좋은 내용으로 가득했다. 올해엔 어찌 복을 받게 되고 어느 쪽 어느 방향에서 복을 받게 될 것이고 어느 쪽 어느 방향을 피하라는 말로 피할 길도 제시해 놓은 글씨들이 적혀있었다.
신기하게도 곱고도 가지런히 접힌 종이들 위로 날아간 참새는 이리저리 두리번거리다가 턱 하니 하나를 물어 뽑은 뒤
날아간 곳으로 돌아와 내려놓았다.

그 종이를 자신의 운세로 알고 살아가는 사람들도 있고 재미로 한번 해 본 사람들도 많았다.

그 아련한 추억의 기억이 살아나게 하는 일들이 교회에서 일어나고 있다.

송구영신 예배에 말씀들을 적어 놓은 수많은 코팅치를 넣어 놓고 한 사람씩 뽑아서 새해의 말씀이라고 한 해 동안 간직하라고 의미를 더하고 있다.

좋은 말씀들이 좌우 문맥과 배경도 없이 그저 좋은 말씀들만 쏙쏙 뽑아 적어 놓은 것 중의 하나를 뽑아 내게 주신 말씀으로 받아 돌아가는 일들이 벌어지고 있다.

복을 받는다는 말을 싫어할 사람은 아무도 없다 새해에 너도나도 복을 빌어 준다.
말씀에도 이런저런 복과 소망과 희망의 글귀들이 넘쳐난다.

그 말씀만 쏙 빼서 보면 사실 큰 용기도 갖고 힘도 얻을 수도 있는 게 사실이다.

그러나 복 받기 위해 선행되는 일들이 다 빠진 채 잘 될 거야 복 받을 거야 미래의 희망이야 등등으로 제비 뽑힌 말씀을 바라보며 미신적으로 행해진 말씀을 붙잡고 살아가야 할 사람들을 볼 때 참새가 물어준 글귀를 보며 돌아갔던 사람들과 겹쳐 다가온다.

복 받기 위한 경건과 고난 그리고 성결 기도 베풂 나눔 사랑 등 수많은 선행의 일들을 말씀을 통해 분명히 이해하고 바른 신앙 바른 성도의 삶을 살아갈 수 있도록 교회는 미신적 행위를 당장 멈춰야 할 것이다.

위기가 힘이 될 수 있다

몇 주 전에 오랜만에 대면 예배에 참석하신 한 집사님께서 예배 후에 중간에서 영상을 촬영함으로써 예배에 지장을 주는 것을 보고 좋은 카메라로 맨 뒤에서 촬영하면 좋겠다고 제안함과 동시에 헌금을 해주시고 가셨다.

이 일이 계기가 되어 긴급히 필요한 찬양반주기와 신디사이저 나아가 마이크까지 사면 좋겠다는 생각으로 교회에 광고하고 마음을 모았다.

위드 코로나 시대의 어려움 속에서도 성도 한 분 한 분 귀하신 예물을 드렸다.

교인들뿐만 아니라 외부에서도 이 시점에 맞춰 주님께서 주시는 마음의 감동이라며 여러분께서 마음을 모아 주셨다.

마침내 찬양반주기와 카메라를 사고 신디사이저와 마이크까지 살 수 있게 되었다.

특히 찬양반주기는 양봉렬목사님(미가엘)의 도움으로 절약하여 설치할 수 있었고 카메라와 온라인 예배를 위해 상품추천과 조언을 해 준 조카사위(교회방송 전문)의 큰 도움이 있었다.

게다가 코르그 7건반신디사이저 (중고)(파도 음향)를 적당한 가격에 살 수 있었고 마이크도 아주 저렴하게 살 수 있었다.

모두가 하나님의 크신 은혜요, 온 성도의 하나 된 정상이요, 주님 주시는 마음으로 함께한 분들의 정성과 수고로 이루어질 수 있었다.

바로 구하여 응답받는 해(야베스의 기도)의 응답이 1월부터 크신 은혜로 채워져 나가고 있다.

2021년 내내 온 교회와 온 성도들과 함께 마음을 모아준 모든 분에게 하나님의 크신 은혜의 복으로 채워주실 줄 믿습니다.

구조와 원리 이야기

세상 살아가는 이치를 들여다보면 다양한 삶의 양식이 있음을 들여다볼 수 있다.

이런 사람 저런 사람 각자 자신이 받은 영향과 경험에 지식과 지혜가 더해져 각자의 자리에서 살아가고 있다.

우리 선조들이 서당에서 하늘 천 따 지를 읽으며 하늘과 땅의 이치를 깨달으면서 공부한 유전자를 후손에 넘겨 주어서 자원이 부족한 나라가 그나마 버티며 성장할 수 있었던 것 같다.

살다가 배우다가 만남과 헤어짐과 크고 작은 사건과 사고를 접하면서 사람들은 많은 것을 깨우치게 되고 획기적인 전환점을 가지게 되기도 한다.

사람도 자연도 언어도 음악과 미술과 과학 건축 및 많은 분야에서도 구조와 원리는 무엇보다도 중요할 것이다.
구조는 그 골격을 이루는 뼈대와 같은 것이고 원리는 돌아가는 시스템을 말할 것이다.

이 구조와 원리를 언어를 통해 살아계신 하나님께서 깨닫게 해주셔서 8 구조원리를 통한 언어들의 세계가 열렸다.

이 8 구조원리가 신체에서 건강에서 음악에서 건축에서 성경과 강해 설교에서 다양하게 해석되고 풀어져 이해되는 역사를 경험하게 되면서 나만이 알아가는 구조와 원리가 아닌 공유되고 나눌 수 있는 구조와 원리가 될 때 모든 분야의 구조와 원리는 꽃을 피울 수 있게 되는 것이었다.

8 구조원리를 통한 성경. 강해 설교. 선지서 요한계시록. 전체 성경의 구조와 원리를 이해하고 나아갈 때의 기쁨과 감사는 더할 나위 없다.

살아계신 하나님께서 성령으로 우리 가운데 함께해 주시면서 알게 하시고 깨닫게 하시어 마침내 그분이 나의 아버지가 되고
나는 그분의 백성(자녀)되어 살아가는 길을 찾은 사람들과 만남이 얼마나 복된지 말로 다 형용할 수 없다.

8 구조원리 원어, 8 구조원리성경을 통해 날개를 펴고 그분이 허락하시는 분량만큼 받아들이며 겸손히 순종하며 나아가는 행복하고 복된 영생의 길에서 더욱 많은 사람과 나눴으면 좋겠다.

아름다운 목회자 부부

목동에 맡겨 놓은 옷을 찾으러 갔다가 그 근방에서 잘 아는 사모님이 운영하는 커피숍을 1년여 만에 찾았다.

차린 지 얼마 안 되어 들러 본 곳을 오랜만에 다시 오게 된 것이다.

그곳에서 예배시간엔 온 교우들과 함께 예배드리며 주중엔 영업하는데 코로나로 인하여 더 버틸 수 없게 되어 1월 말로 정리한다고 하였다.

검은색 빛을 엷게 띤 작은 항아리 컵에 펄펄 끓는 채로 내려놓는 쌍화차가 이 집의 명물이다.

각종 약재를 넣어 푹 끓여 낸 차 향기의 그윽함은 말로 다 표현할 수 없다.

이제 이러한 차를 어디서 마시냐고 물으니 익산이나 가야 마실 수 있을 거라 하였다.

신장이식을 받고 열심히 그리고 진실하게 살아가는 사모님과 묵묵히 맡겨진 사명을 감당하고 있는 목사님을 대할 때마다 올바르게 가려고 할 때 많은 어려움이 있게 됨을 다시 한번 생각게 한다.

큰 교회를 과감히 사임하고 작지만 건강한 교우들과 함께 행복한 목회를 하는 모습에서 많은 공감하게 된다.

신월동에서 목회할 때 무보수로 자원하여 음악으로 잘 그리는 그림으로 오늘의 쌍화차 끓는 것처럼 뜨겁게 찬양하며 온 동네 전도하며 나아갔던 그 날들이 새록새록 하다.

그 어떠한 상황에서 적당히 타협하지 아니하고 올곧고 바르게 나아가는 목회자의 품성을 그대로 간직하고 있는 모습에서 많은 감동하였다.

종로에서 새롭게 예배 처소가 정해져서 이전한다고 한다. 어느 곳이든 주님과 온전히 동행하며 거룩하고 정의롭게 나아가는 목회자 부부와 교회에 주님의 은총으로 가득함이 온 공기로 느끼며 깜깜한 밤에 밝은 미소로 배웅하는 부부의 비춰주는 빛을 머금으며 돌아왔다.

섬기는 금천의 마을 사람들

마을에는 봉사로 섬기는 사람들이 많다.

누가 알아주지 않아도 묵묵히 그 자리를 지키며 미처 챙기지 못한 사람들을 찾아 귀한 손길을 내밀고 있다.

소외된 이웃을 찾아가 돌보며 집수리며 도배 싱크대 보일러 등등을 고쳐주는 멋진 이웃들….

물난리 났을 때 시흥초등학교 강당에서 함께 모여 어려움을 함께 나누며 나아가는 정 많은 금천의 사람들….

학교 밖 청소년들을 따뜻하게 보듬어 주며 함께하는 사람들….
마을의 이곳저곳을 둘러보며 말없이 해야 할 일들을 감당하는 사람들….

언론·미디어를 통해 여러 가지 힘든 상황에서도 마을이 조금이라도 밝아지고 더 나은 방향으로의 발전을 위하여 애쓰고 있는 사람들….

마을공동체 센터와 많은 공동체가 환하고도 밝은
마을로 밝히고자 작은 촛불을 나누며 태우고 있는
사람들….

마을의 대소사를 보고 한숨에 달려가는 많은 단체
와 자원봉사 팀들이 눈부신 활약이 활발하게 이루
어지는 빛나는 금천의 사람들….

공직의 높음과 낮음과 편함과 험함을 떠나
금천의 안전과 행복과 발전의 향기를 뿜어내기 위
해 밤낮으로 수고를 마다하지 않는 공직을 수행하
고 있는 수많은 사람들….

민속전통 시장의 정 많고 포근한 자리를
언제나 메워주는 우리의 아름다운 이웃인 많은 상
인들….

구멍가게로부터 큰 기업에 이르기까지
사업을 통해 딸린 식구들까지 챙겨주며
금천의 미래를 위해 아낌없이 투자하며
이런저런 모습으로 지원을 아끼지 아니하는 많은
사람들….

학교교육과 마을교육과 도서관과 평생학습동아리 및 주민독서동아리 등을 통해 금천의 교육 부분 성장을 위해 열악한 환경에서도 묵묵히 금천의 교육 발전을 위해 무던히 애쓰는 소중한 사람들….

문화·예술 및 체육과 각 동아리 활동을 통해 눈부신 마을의 한 축을 담당해 가고 있는 멋지고 행복한 사람들의 행진이 이어지고 있다.

장애인과 홀몸노인 소년·소녀 가장 다문화 등등 우리와 함께 공동체를 이루며 살아가는 사람들을 위해 애쓰고 헌신하며 함께 나아가는 사람들….

종교 및 정신적으로 마을의 어른으로 마을을 생각하며 기도하며 마음 쓰며 나아가는 정신문화 영적 기관들이 금천을 떠받들고 있다.

그 뒤로 호암산의 정기와 한내천이 오늘도 금천의 과거와 현재 그리고 미래를 바라보며 유유히 흐르고 있다.

살맛 나며 행복한 금천구 화이팅입니다!!!

꽃향기로 가득한 교회

토요일 낮엔 한 통의 전화가 온다.
꽃꽂이하러 간다는 연락과 함께.

커다란 브라보콘 아이스크림을 옆에 낀 것처럼 기다란 종이에 예쁜 꽃들과 함께 올라오시는 분은 다른 교회 꽃꽂이 하시는 집사님으로 본 교회 꽃꽂이를 마치고 바로 우리 교회로 내려오셔서 십자가 밑에 꽃들을 꽂아 주시는 분이다.

지난주에는 카네이션의 연분홍색과 이름 모를 하얀 꽃 뒤로 솔향 그윽한 꽃들이 자리를 잡았다.

지중해 바다에서 본 것 같은 검푸른 바다 위 같은 수반에 어여쁜 꽃들이 자리를 잡으면서 깊숙이 파고 들어가 단체 사진 찍을 때의 모습처럼 조화로운 자리들을 찾아가고 있다.

이번 주에는 소철이 둥그렇게 말린 것을 배경으로 봄같이 따사로운 노란 꽃이 가운데 자리를 잡았고 그 좌우 옆으로 초록 줄기 따라 순백의 하얀 잎들로 가득한 꽃들이 호위하듯 서 있다.

황토색 화분에 그려진 꽃잎과 그 위의 꽃들 그리고 그 위에 십자가.

향유를 깨뜨리고 머리털로 주님의 발을 씻겨드린 여인의 향기가 온 교회에 퍼져 나가고 있다.

지난주의 꽃이 시들지 않고 그대로 있어 올라오는 계단과 주방의 둥그런 탁자 위에 가지런히 둥지를 틀었다.

누군가가 파주에서 시집온 나무의 흙에 한 송이 노란 꽃을 심어 놓았다.

수북이 쌓인 낙엽들 사이로 노란 꽃은 그렇게 꽂혀 있었다.

오늘 우리는 주님 십자가 밑에서의 삶의 향기가 어떨까?

꽃들의 향연처럼 우리네 삶의 향내도 주님 맘을 시원케 해드리는 그런 향기로 살면 좋겠다.

딸(나눔)의 대학 졸업식

사랑하는 딸 나눔이가 대학을 졸업했다.
주님 안에서 예쁘게 자라 준 것만도 감사한데…….
행복한 졸업식을 안겨준 그 마음을 나누고 싶다.

개척교회만 평생 한 덕에 고생만 시킨 자녀들인
데…. 너무나 대견스럽고 자랑스러웠다.

일찍이 스스로 일어서는 법을 배웠는지(?) 스스로
공부하여 학교도 들어가고 캐나다에 워킹홀리데이
로 해외 아르바이트까지 하고 와서 2년 늦게 오늘
졸업을 하게 되었다.

교회에서 반주자로 음치인 아빠에 애써 맞추려 애
쓰는 피아노 위에 앉아 있는 예쁜 거울 속에 비친
더 예쁜 딸 나눔이….

사진 찍을 때 키 작아 보일지도 모른다고 1만 원짜
리 중고 구두를 사서 신고는 엄마 사각모 씌워 드
려 사진 찍어야 한다며 과사무실에 허둥지둥 가운
2벌을 받으러 가는 모습이 얼마나 우스꽝스러웠는
지…….

점심도 자기가 12시까지 아르바이트한 것으로. 엄마 아빠 사드린다고…. 식당으로 데려갔다.

그리곤 결정적으로 10만 원씩 저와 아내에게 졸업선물이라며…. '현금이 제일 낫지'하며 건네는 딸 앞에……. 속으로 울컥(?) 부모의 마음이 이랬다는 것을 겨우 추스리어 태연히 식사 잘하고 돌아왔다.

사랑하는 딸 나눔아… 더욱 주님 안에서 사랑스러워 가며 행복한 날들로 가득하길 기도하며 귀한 선물 교회 월세에 보탤께…….

끝까지 읽어 주셔서 감사감사합니다.

남산 아래 사거리

수업을 위해 금천구청역에서 전철을 타고 한강철교의 석양을 빠른 속도로 뒤로 보내며 남영역에서 내렸다.

남산이 한눈에 보이고 미8군 기지의 콘크리트 벽과 그 위로 둥글게 펼쳐진 철조망이 시야에 들어왔다.

오랜만에 오게 된 이곳인데 그 옛날 눈에 익은 한 빌딩이 눈에 들어왔다.
남영동 사거리에 5층짜리 건물인데 통일 타자학원이 있었던 건물이 있다.

형님이 이곳에서 먹고 자고 일하며 선린상고를 다녔던 곳이었다.
나중에 나도 일하던 곳이 아니던가?
타자기 청소하고 책상 닦고 바닥 물걸레질 그리고 책상 속에 여학생들이 버려 놓은 쓰레기들을 치우고 나면 자정이 되곤 하던 곳이었다.
그리고 미 8군 부대 앞에서 가게를 운영하던 자매와 그 아버지와 함께 미8군에서 식사도 하던 일이 생각나게 하는 후암동의 길들이다.

모 집사님 부부의 초대로 미8군 영내에서 피가 흐르던 스테이크를 보여주어 소스라치던 곳이며 햄버거 하나를 카드로 샀는데
나중에 카드사에서 미쿡에서 샀냐고 질의 해 오기도 했던 일들이 어제 일처럼 떠오르게 하는 미8군의 담이 정겹게 다가온다.

남산타워와 곱게 물든 구름이 반갑게 맞이해 주는 듯 피어있다.

수업을 마치고 학생들이 준 결명차 병을 들고나와 둥그런 도넛을 곁들여 먹으며 독산역을 향했다.
주님께서 주시는 힘으로 작은 소임을 감당하고서….

이쁜 딸 나눔이 이야기

나의 카톡 소개 사진은 사랑하는 딸 나눔이의 결혼식 때 찍은 사진이다.

진관외동 꼭대기 2층 양옥집 멋진 집의 지하에 연탄 광에 작은 방 하나를 세를 얻어 살던 때에 예쁘고도 예쁜 나눔이가 태어나 준 것이다.

나눔이란 이름은 많은 사람과 주님의 은혜를 나누며 살라고 한글 이름이 흔하지 않을 때 붙여준 이름이다.

어렸을 때 그 작은 방에서 경끼를 한 적이 있었다.
얼굴과 눈이 돌아가고 몸이 쭈뼛하게 되어 깜짝 놀랐다.
얼굴을 씻기고 몸을 씻어주어 겨우 진정을 시킬 수가 있었다.
그때 경끼가 그런 건 줄 처음 알았다.

처음으로 어린이집에 맡기고 돌아오는데 마치 보육원에 맡기러 가는 것처럼 눈물이 핑 돌던 때가 엊그제 일같이 스쳐 간다.

엄마가 병원 일로 늦게 퇴근하니 씻기고 재우는 일이 친할머니(한정례)의 몫이었다.
그런 방에서도 예쁘고 귀엽게 자라만 갔다.

대방동의 열림교회에 전임 강도사로 가게 되어 신길동에 사택을 얻어 갈 수 있게 되었다.
기찻길에서 얼마 떨어지지 않아서 기찻길 옆 작은 집 1층이었다.

커다란 상자에 들어갔다 나왔다 하며 뽀롱한 우윳빛 얼굴로 언제나 웃고 있는 나눔이는 하늘에서 내려온 천사임이 분명했다.

교회부설로 새 건물에 새 유치원을 개원하게 되어 저렴한 비용으로 덕성여대 유아교육과를 전공하신 원장님을 비롯하여 헌신적으로 수고해주신 많은 선생님과 함께 쑥쑥 자라만 갔다.

교회학교에서도 신나게 파워율동 찬양하며 즐겁게 지낼 수가 있었다.

수요일이면 두 자녀 저녁밥을 먹인 후 차의 뒷좌석에 태우고 히터를 틀고 한 바퀴 돌면 피곤하여 잠에 떨어진다.

한 애 두 애 업어 교회 맨 뒤에 장의자 두 개를 겹쳐 놓은 위에 눕히어 재우고 나면 안전하게 앞에 나가 찬양 인도를 하곤 하였다.

목회준비로 화곡동의 목천교회로 가서도 신나게 뛰어 놓을 수 있는 어린이집이 있어서 행복하고 복된 시간으로 가득하였다.

신월동에 일심교회의 후임으로 가게 되어 대한유치원을 가게 되었고 지하에 있는 장소로 교회를 이전하고 늘사랑교회로 이름도 바꾸었다.

주일학교 학생만 80여 명이 되어 여름성경학교와 교회 앞 놀이터는 우리 교회의 공원이나 마찬가지였다.

그때 수고를 마다하지 않고 힘쓰고 애써주신 교회학교 선생님들의 대부분이 교회의 청년들이었다.

교회 청년들과 목요 저녁이면 신디와 드럼, 베이스기타, 일렉기타, 피아노 등과 함께 목요찬양 집회를 계속할 수 있는 은혜의 시간도 어제 일 같다.

나눔이는 교회 옆에 있는 나래 피아노 교실에서
원장님께서 목회자 자녀라고 무료로
피아노를 열심히 가르쳐 주셨다.
천주교를 다니시던 정말로 고마운 선생님이셨다.

신월동에서 초·중·고를 다 마친 나눔이는 영어학
원엔 못 보내고 내가 가르쳐 준 8 구조원리영어와
단어암기가 전부였다.
그런데도 대학에 들어가 화학과 교육학을 복수전공
을 하였다.

캐나다에 워킹홀리데이 갔다가 만난 예수 잘 믿는
가정의 첫째 아들인 캐나다 인(쎄미)을 만나 지난
해(2020. 7.)에 캐나다에서 결혼식을 하였다.
코로나가 발목을 잡아 가지도 오지도 못하게 되어
우린 영상으로 결혼식을 지켜만 보아야 했다.

그래도 많은 이들이 축하해 주었다.
그리고 벌써 1년도 훌쩍 넘어가고 있다.

주님 안에서 선교하며 나아가는 가정이
되게 해 달라고 새벽마다 기도한다.
믿음의 가정, 선교의 가정으로
세워주실 줄을 믿으며……

건넴이 행복한 신학교

신학교에 선지서와 계시록 히브리어 헬라어를 강의하러 가는데, 이번 학기에도 시골에서 농사지은 서리태 콩을 좀 가져왔다고 비닐봉지를 건네는 손길이 있었다.

시골에서 열린 감을 따왔다고 하나를 뽕뽕이에 넣어 터지지 않게 곱게 싸서 건네는 손길이 있었다.

수업시간 전에 드시라고 도넛과 구운 달걀, 비타500과 따끈한 커피믹스와 메밀차를 정성껏 건네는 손길이 있었다.

직접 쓴 귀한 책에 예쁜 글씨로 고운 말 몇 마디와 함께 사인을 곁들여 건네는 손길이 있었다.

꽃집에서 자라난 작은 화분 위로 하얀 바탕의 큰 하트 속에 빨간 작은 하트와 주피터의 화살 그리고 검정무늬 나비 그림에 '감사합니다'라고 쓴 검정 글씨가 선명하게 드려진 모습을 띤 채 건네는 손길이 있었다.

점심시간에 김장한 김치와 보쌈 그리고 굴과 초장
으로 풍성한 식탁 그리고 다음 주엔 묵은지 닭볶음
탕을 자박자박 끓여내어 모두에게 건네는 손길이
있었다.

모두가 아름다운 건넴
순수한 건넴
나눔의 건넴이다.

모두가 아름다운 맘들이다.

나눔이 행복인 것을 다시금 기억나게 하는
멋진 건넴들이다.

대보름 달님

"달빛고운정원"에 정월 대보름의 둥그런 달님이
차갑고 썰렁한 교회 옥상의 모든 존재를
따스하게 비추고 있다.

세찬 겨울을 온몸으로 견뎌온 존재들이
하나둘 깨어나 임을 맞이한다.

라일락 앙상한 나뭇가지 사이로
밝은 달님의 지긋한 미소가
차가운 날의 이곳을 밤새도록 녹이려 한다.

바로 옆 골목길엔 대보름 나물들이 즐비하게 노래
하며 대보름 음식들이 덩달아 춤추고 있다.

깻잎 가지 사이로 가지 가지 사이로
진달래 가지 사이로 달빛이 스며든다.

아로새겨진 고깔모자 쓴 달님의 웃음과
앙증맞은 별님의 고운 미소가
네모반듯한 성전 성소, 새예루살렘을 감싸고
종이컵에 커피믹스 한 잔이
따뜻함으로 몸을 녹이고 있다.

하얀 마음, 고운 마음, 달빛 마음
그분의 마음과 닮았다.
그분의 빛과 닮았다.
그분의 눈빛과 닮았다.

용서와 구원과 영원한 세계로의 일깨움의 빛이
달빛고운정원에 가득하다.

축하의 글 I 절대 긍정과 절대 감사

『어디에나 진리는 있다』이 소중한 책을 읽으면서
감사의 마음이 저절로 생기네요.
목사님의 일상이 바로 한 권의 기록이 되어
이 책을 읽는 저에게 감사와 도전을 주네요.
저희 마을 사람들과 함께 마을의 현장에서
필요한 일을 찾아 솔선수범하는 목사님.
금천구에 있는 마을교회의 목회자로서
절대 긍정과 절대 감사로
어디에나 진리가 있다는 것을 깨닫게 해주셨네요.
감사합니다.
목사님!! 저희를 위해서 책 속에서와같이
서로에게 격려하고 도움을 주고받고
끝까지 하나님께 영광 돌리며 같이 가요.
목사님은 혼자가 아니에요.
목사님을 사랑하는 하나님과 마을 사람들이
함께 있어요.
화이팅입니다.
목사님 최고예요.
감사합니다. 고맙습니다.

금천구 마미캅 대장 탁경숙

축하의 글Ⅱ 아름다운 삶의 편지

이 책은 주님과 동행하며 인생의 길을 가는
한 목자의 작은 이야기다.
마음의 소리를 담았고
때로는 작은 실수도 해 가며
오늘도 하루를 묵묵히 인생의 길을 걸어가는
목자의 이야기다.
이 안에 그 인생의 아름다운 주님과의 동행이 있고
때때로 들려주시는 주님의 음성을 듣고
그 어떤 것보다 순종하며 기도하며
비가 오나, 눈이 오나, 태풍이 다가와도
기도와 주 예수 그리스도 그분을 믿으면
오늘 하루도
영적 전쟁에서 조용히 승리하는
작지만 큰 자의 삶을 표현한 작가의 이야기다.
이 책을 통해 많은 감동을 전해주는
아름다운 삶의 편지라고 말씀드립니다.

대한 바이블신학교
학장 전호식 박사

축하의 글Ⅲ 사람 냄새 나는 그분

봄이면 하얀 속살을 드러내며
수줍게 웃는 소녀 같은 목련도
지난겨울 눈보라 맞으며 속으로 웃음을 키워온 것.
마치 조개의 상처가 영롱한 진주가 되듯.

설악산, 지리산, 호암산 중에서 어느 산이 좋은지
이효리, 김태희, 장선희 중에서 누가 좋은지 물으면
1초도 안돼 호암산과 장선희라고 말하는 그분.

팍팍한 인생살이, 녹녹잖은 신앙생활
누군가와 이야기하고 싶을 때
얼굴만 생각하면 슬며시 미소가 떠올려지는 그분,
따뜻한 아빠처럼, 아저씨처럼, 형처럼.
오빠처럼 그렇게 우리 곁에 있는 친구
그분의 글을 읽으면 왠지 우리도 소년이 된다.
사람 냄새가 나는 그분 곁에 있으면
우리도 사람 냄새나는 소년이 되고,
신나는 예수쟁이가 된다.
오늘 저녁도 그분과 구수한 된장찌개와
누룽지 숭늉을 먹고 싶다.

2022년 3월 목련이 피기 전에
㈜ 한국바이오홈즈 대표이사 윤태홍

편집자의 글 진리를 만나는 시간

마지막 근무를 하던 사무실 1층에는 작은도서관이 있다. 그곳에서 영어 독서클럽 강의를 한다고 해서 참가하여 알게 된 목사님께서는 고향이 전남 강진이라 제 고향인 장흥 바로 인근이라 친밀감이 생겼다. 퇴직하고 출판사를 차려 안부차 인사드렸더니, 회갑기념으로 블로그의 글을 모아 자녀분들이 책으로 선물했다고 자랑하셔서 그것을 읽어보고 내용이 너무 감동적이라 지난 2021년 『어디에나 길은 있다』라는 책을 정식으로 출판했다.

코로나19가 아직 끝나지 않은 상황에서 계속된 아침 묵상을 모아 속편으로 이 책을 내게 되었다.

어려운 시기에 태어나 가정형편 때문에 중학교도 마치지 못한 상황에서도 꾸준히 노력하며 성실하게 신앙의 길을 가신 발자취가 걸음마다 눈물 없인 읽을 수 없는데도, 진리를 만난 기쁨에 하나님을 의지하며 어떤 형편에서도 좌절하지 않고 인생의 길을 찾아 즐겁게 살아가신 인생을 느낄 수 있었다.

모든 독자가 그 감동을 함께 하길 소망한다.

지역사회와 함께 하는 즐거운 목회가 진리를 전하는 귀한 손길이 되어 수많은 사람이 예수믿고 천국가기를 바라며 많은 독자의 응원을 기대합니다.

오태영 작가(진달래 출판사 대표)